Catrin Wildgrube

Die Welt der Hexen

2. Auflage

ISBN 978-3-89423-123-1

Inhalt

Einleitung

Vieles, was wir heute über Hexen zu wissen glauben, hat seinen Ursprung in den Kulten und magischen Handlungen naturreligiöser Völker. Auch unsere eigenen europäischen Vorfahren waren bis zur Ausbreitung des Christentums Anhänger der heidnischen Glaubensform, in der Zauberei eine wichtige Rolle spielte. Der von den Naturkräften abhängige Mensch war sich der Existenz von Göttern und Geistwesen bewußt und versuchte diese durch bestimmte Riten zu beeinflussen, z. B. sie gnädig zu stimmen oder zu bannen. Er erblickte diese Mächte in den Naturerscheinungen, im Wind, in der Sonne, im Gewitter oder in der Erde. Das eigene Überleben hing davon ab, ob genügend Regen fiel oder die Sonne schien, damit die Ernte gedieh, denn eine Mißernte bedeutete oft den Hungertod. Darum beschäftigte sich der Mensch intensiv mit den Naturerscheinungen und erkannte schließlich die höheren Mächte, welche hinter diesen Erscheinungen stehen. Besonders feinfühlige Leute konnten sogar in Verbindung mit ihnen treten oder sie als Geistwesen wahrnehmen. So erblickten sie in der nährenden Erde die liebevolle Göttermutter, im Wind den schnell über den Himmel reitenden Göttervater oder in der Sonne die goldene und strahlende Sonnenjungfrau. Man erkannte aber auch die Naturgeister und die Seelen der Verstorbenen, ehrte oder fürchtete diese, unterschied gute und feindliche Wesen. Einige Menschen verstanden es, die Naturkräfte in gewisser Weise zu lenken; diese Leute nennen wir heute Hexen, Zauberer, Magier, Schamanen, Weise oder dergleichen. Besonders Frauen galten als empfänglich für unsichtbare Kräfte und waren oft zauberkundig. Wenn wir die nordischen Sagas aus heidnischer Zeit betrachten, so finden wir sehr häufig Erwähnungen von weisen Frauen, Seherinnen und Zauberinnen.

Diese Frauen standen meist in hohem Ansehen; nur die Schadzauberinnen wurden verachtet und teilweise auch verurteilt. Erst mit der Einführung der Bibelreligion, welche jegliche Form von Zauberei als Todsünde ansieht, begann die Verunglimpfung und Verfolgung der weisen Frauen. Anfangs waren es nur milde Strafen für die Zauberinnen; es wurde sogar eine Zeit lang geleugnet, daß es Zauberei überhaupt gab. Wer eine Frau als Hexe bezeichnete, mußte selber fürchten, für diese Anschuldigung bestraft zu werden. Erst mit dem 14. Jahrhundert begannen die größeren Hexenverfolgungen, die sich im 15. Jahrhundert noch verstärkten und im 16. und 17. Jahrhundert ihren grausamen Höhepunkt fanden. Danach ebbte der Wahn allmählich ab, und schließlich verboten Friedrich der Große in Preußen und Maria Theresia in Österrreich die Folter und die Hexentötungen. Trotzdem kam es danach noch vereinzelt zu Ermordungen angeblicher Hexen. In manchen Entwicklungsländern kommen sogar noch heute ungesetzliche Tötungen zaubereiverdächtiger Personen vor.

In Europa und den USA gibt es heute ein Wiederaufleben der alten heidnischen Naturreligionen und somit auch des Hexentums. In einer technisierten und entmystifizierten Welt ist die Sehnsucht nach Naturverbundenheit und Spiritualität besonders groß. Man erblickt überall die Zerstörung unserer Umwelt und schaut dabei voller Ehrfurcht auf die wenigen Völker, die noch naturverbunden leben, wie einige indianische, afrikanische, australische oder sibirische Stämme. Deren Naturmagie ist noch lebendig. Doch sie sind in ihrer Existenz bedroht, da man ihre Lebensräume immer mehr zerstört, indem man z. B. die großen Urwälder rodet oder versucht, den Ureinwohnern die sogenannte Zivilisation nahe zu bringen. Doch was man ihnen in Wirklichkeit brachte, waren fremde Krankheiten, Hunger und Verderben. In Afrika zwang man die Leute in der Kolonialzeit dazu, bestimmte Produkte einseitig anzubauen, zwang ihnen den christlichen Glauben auf und entfremdete sie von ihrer Naturreligion. Das Ergebnis ist heute, daß in vielen Teilen des Kontinents große Hungersnöte herrschen. Der natürliche Lebensraum dieser Menschen ist zerstört, und sie haben vergessen, wie man sich von der Natur ernährt. Früher lebten die Menschen im Einklang mit der Natur, mit ihren Göttern und Geistwesen, und verstanden deren Sprache. Ebenso war es im alten heidnischen Europa. Den Menschen war ein magisches Bewußtsein zu eigen, ein tiefer Glaube an die Beseeltheit der Natur. Ein Baum galt nicht nur als ein Stück Holz, sondern wurde als eigenständiges Lebewesen respektiert. Natürlich wurden auch in heidnischer Zeit Bäume gefällt und Tiere getötet, da dies zum Überleben nötig war. Doch nahm man sich nur das, was unbedingt gebraucht wurde, so daß es nie zu einem übermäßigen Ausbeuten der Tier- und Pflanzenwelt kam. Man wußte, daß in jeder Pflanze und in jedem Tier ein Geist existiert, der sowohl helfen wie auch schaden kann. Bestimmte Frauen und Männer waren im Umgang mit den Geistern besonders geübt. Sie lernten, wie man durch Gesänge, Tänze, besondere Zeichen oder Handlungen auf die Geister einwirken konnte. Es gibt eine große Vielfalt an magischen Bezeichnungen für diese Leute, wovon einige noch heute im Gebrauch sind, während andere längst vergessen wurden. Der Begriff "Hexe" ist noch heute recht populär, und man verbindet meist bestimmte Vorstellungen damit, die teils auf Verunglimpfungen und teils auf wahren Hintergründen beruhen.

Was ist dran, an den volkstümlichen Erzählungen über Hexen? Was hat es mit dem Vorwurf vom Teufelspakt auf sich, und welche Fähigkeiten hatten und haben diese Frauen? Schauen wir uns an, was wirklich hinter den Vorstellungen vom Hexentum steckt, damit wir endlich ein umfassendes Bild von den zauberkundigen Frauen erhalten.

1. Der Ursprung des Wortes Hexe

Der Begriff "Hexe" ist bis auf den heutigen Tag nicht ganz geklärt. Weder weiß man, wie alt dieses Wort wirklich ist, noch kennt man hundertprozentig die richtige Bedeutung. Sehen wir uns einmal die ältesten bekannten Schreibweisen an. Die althochdeutschen Formen des Wortes Hexe lauten hazus, hazhus, hazes, hazis, angelsächsisch hägtesse oder hagesse, mittelniederländisch hagetisse oder haghedisse, mittelhochdeutsch hegxe oder hexse, schweizerisch hagsch, haagsch oder häggele.

Vermutlich handelt es sich um eine Kombination der Wörter hag (Zaun, Einhegung, Dornbusch, Wald) und zessa (Sturm, Tosen, Zausen), wobei zessa auch manchmal als "Weib" gedeutet wird. Der Begriff Hexe ist jedoch nur einer von zahlreichen anderen Bezeichnungen für zauberkundige Frauen. Daneben finden wir Galsterweib, Lachsnerin, Drude oder Nachtreiterin. In Nordeuropa gibt es andere Bezeichnungen, wie vǫlva (Stabträgerin), spákona (Spähfrau), seiðkona (Sudfrau), trǫllkona (Trollfrau). Ob das nord. túnriða (Zaunreiterin) einen Geist oder eine Zauberfrau bedeutet, ist nicht offensichtlich. Das englische Wort witch für Hexe stammt von dem ags. vicce (die Weise) und ist verwandt mit dem niedersächsischen wikkerske (Hexe), nordisch vitki, althochdeutsch wizago oder wizzigo für Weissager und nordisch vættr, was gleichzeitig "Wicht" und "Hexe" bedeutet. Im 17. Jahrhundert gab es eine Vielzahl von Hexenbezeichnungen auf deutschem Gebiet. Hier einige Namen: Alraune, Fee, Drutte, Besenreiterin, Gabelreiterin, Schmalzflügel, Schmiervogel (beides auch Namen für den Schmetterling), Feldfrau, Nebelhexe, Menschendiebin, Säge, Bockreiterin, Teufelsbraut, Milchdiebin.

Heute deuten einige Leute das Wort Hexe als "Zaunreiterin" oder als "die den Hag Schädigende". Andere wiederum sehen die Hexe als "Hag-Idise" (eine Idise ist ein übernatürliches weibliches Wesen), oder sie deuten den Hag als eine Art Zauberstuhl, auf dem die Hexe zu sitzen pflegt. Welche Deutung die richtige ist, kann wohl niemand einwandfrei sagen.

Ob es den Begriff Hexe schon in vorchristlicher Zeit gegeben hat, ist unbekannt. Man vermutet seinen Ursprung im frühen Mittelalter, also in christlicher Zeit, doch ist das nicht sicher. Er kann auch aus noch heidnischer Zeit stammen. Die Engländer benutzen neben "witch" auch das Wort "hag" für Hexe, also praktisch den gleichen Begriff wie wir. Im Skandinavischen gibt es ein ähnliches Wort (häx), jedoch nicht im Altnordischen.

Im Mittelalter wurden in erster Linie lateinische Begriffe verwendet. Hier finden wir masca, lamia, striga, malefica, um nur einige zu nennen. Im Deutschen sprach man in dieser Zeit von den "Unholden", was sich vom Namen der Frau Holde oder Holle ableitet, der altdeutschen Erdgöttin. Im Laufe der Zeit bürgerte sich mehr und mehr der Begiff Hexe ein und verdrängte die anderen Bezeichnungen. In althochdeutschen Glossen des 9. Jhs. taucht das erstemal der Begriff hazus auf. Die Gelehrten übersetzen dieses deutsche Wort mit den Begriffen strio (Geist, Blutsauger, Riese, Zwerg, Eule, Hexe), erynnis oder furia (Rachegöttin). Hier kann man sehen, wie unklar der Hexenbegriff schon damals gewesen ist. War eine Hexe ein Geistwesen, eine Rachegöttin oder eine zauberkundige Frau? Das angelsächsische hægtesse wurde mit larva (Totengeist), lamia (weiblicher Dämon), furia oder Hecate übersetzt. Hecate oder Hekate ist die griechische Göttin der Zauberei und des Mondes. Sie herrscht über die Kreuzwege, wo Gespenster ihr Unwesen treiben, und wurde früher sehr gefürchtet.

Der Mönch Notker Labeo (950 - 1022) schreibt bei der Übersetzung des Marcianus Capella eine Erklärung zur Schilderung über die Menschenfresser. Er meint: »Sie ezentnahtes, tes sie sih tages scamen magen, also man chit, taz ouh hazessa hier in lande tuen«. Die Hexen (hazessa) werden in diesem Text als Menschenfresser bezeichnet; sie galten demnach als Kannibalen. Man glaubte, die Hexen würden das Fleisch von Menschen, besonders von Kindern, verzehren, um so besondere Zauberkräfte zu erhalten. Diese Vorstellung geht auf die Antike zurück, wo man an Dämonen glaubte, die den Menschen das Herz aussaugen oder auch kleine Kinder verspeisen würden. Wiederum ist keine klare Trennung zwischen Geistern und Zauberinnen zu erkennen.

In der heutigen Zeit ist "Hexe" der bekannteste aller Namen für zauberkundige Frauen. Darum soll er auch in diesem Buch bevorzugt verwendet werden. Leider wird mit dem Begriff noch immer sehr viel Negatives verbunden. Bei dem Wort Hexe denken viele Menschen an böse Weiber, an Teufelsdienerinnen oder an einen Kinderschreck. Im Volksbrauchtum werden böse Geister oft als Hexen bezeichnet, die es auszutreiben gilt. Bräuche wie "Hexenauspeitschen" oder "Hexenbrennen" sind noch heute auf dem Lande üblich, gelten jedoch nicht irgenwelchen Frauen, sondern schädlichen Geistwesen. Es sind uralte heidnische Rituale; doch wissen wir nicht, ob jene Geister schon damals als Hexen bezeichnet wurden.

Bei dem Wort Hexe denkt man meist unwillkürlich an eine Frau, doch gab es auch Männer, die der Hexerei bezichtigt wurden und die sehr zauberkundig waren. Man nannte einen solchen Mann in den vergangenen Jahrhunderten unter anderem "Hex" oder "Hexenmeister". Interessanterweise gibt es auch noch die weibliche Form "Hexin".

Ich möchte den Begriff Hexe weder moralisch abwerten (die Hexe als Teufelsanhängerin) noch in moderner Form verklären (die Hexe als besonders emanzipierte Frau). Hexen sind zauberkundige Frauen, die ihre magischen Fähigkeiten sowohl zum Nutzen wie auch zum Schaden anwenden können. Da das Wort Hexe dem germanischen Sprachkreis entstammt, beziehe ich es auch nur auf diesen Kulturbereich. Andere Völker kennen selbstverständlich ebenfalls zauberkundige Menschen, benutzen für diese jedoch andere Bezeichnungen aus ihrer jeweiligen Sprache. Ein Zauberer eines afrikanischen oder indianischen Stammes hat nicht unbedingt dieselben Funktionen wie eine deutsche Hexe, da diese eine etwas andere Art der Magie ausübt und auch sonst andere Aufgaben in ihrer Gemeinschaft haben kann.

2. Das Erscheinungsbild der Hexe

Im Volksglauben gibt es bestimmte Vorstellungen über das Aussehen der Hexen. Diese Vorstellungen haben ihren Ursprung teilweise im Geister- und Dämonenglauben und teilweise in den Erinnerungen an tatsächliche weise Frauen aus heidnischer Zeit. In unseren Märchen tritt meist die bucklige alte Hexe mit roten Augen und langer oder krummer Nase in Erscheinung. In der Regel stellt man sich eine Hexe als alte Frau vor, da es lange dauerte, bis das Hexenhandwerk richtig erlernt worden war. Ab und zu ist auch von jungen und schönen Hexen die Rede; diese stammen dann aus Hexenfamilien und wurden von frühester Kindheit an in der Zauberkunst unterrichtet. Man sagt, Hexen seien mager, bleich oder erdfarben. Meistens waren sie arm, hatten also wenig zu essen. Die bleiche Hautfarbe kam angeblich vom Mondlicht, dem sich die Hexen oft aussetzten, während das Erdfarbene ein Kennzeichen der bäuerlichen Schicht war. Man glaubte, Hexen seien besonders stark behaart; man sprach sogar von "Hexenbärten". Diese Vorstellung hat ihren Ursprung im Glauben an die wilden Waldweiblein, die am ganzen Körper behaart sind. Sie gehören zu den Naturgeistern und sind bekannte Gestalten des deutschen Volksglaubens. Gleichzeitig gelten üppiges Kopf- und Körperhaar als Zeichen großer magischer Kraft. Darum schnitten die Inquisitoren den vermeintlichen Hexen die Haare ab, um den Frauen ihre Zauberkraft zu nehmen. Das Haar symbolisiert animalische Urkraft und Naturverbundenheit. Wirres, zerzaustes langes Haar tritt immer wieder als Merkmal der Hexen auf; auch die Göttin Holle trägt im Volksglauben solch wirres Haar, den sogenannten "Hollezopf". Im heidnischen Glauben galten Leute mit einem angeborenen körperlichen Gebrechen manchmal als Auserwählte, als Zauberkundige. Daher kommt es oft vor, daß man Hexen als bucklig oder hinkend beschrieb. Interessanterweise sagt man den Hexen oft nach, sie hätten Krallenfüße (Trudenfüße) wie ein Huhn oder eine Gans. Diese Vorstellung kommt wieder aus dem Geisterglauben. So hat z. B. die wendische Jagdgöttin, die im Märchen als Hexe Baba Jaga erscheint, ein Haus auf einem Hühnerfuß. In dem Märchen "Die drei Spinnerinnen" hat eine der drei Frauen einen großen Platschfuß (die Frauen sind in Wirklichkeit die drei Schicksalsgöttinnen), während die Göttin Holle-Perchta manchmal schwanenfüßig geschildert wird. Der Schwan ist das heilige Tier dieser Gottheit.

Die Augen der Hexen werden oft als rot (entzündet) und tiefliegend, von dunklen Ringen umgeben, geschildert. Kein Wunder, hieß es doch, die Zauberfrauen würden die ganze Nacht am Feuer sitzen und ihre Tränke und Salben brauen. Ansonsten sagt man den Hexen leuchtende Augen, häufig von grüner Farbe, und zusammengewachsene Brauen nach, wieder eine Vorstellung aus dem Dämonenglauben. Grüne Augen besitzen nämlich viele Waldgeister; buschige Brauen gelten als Merkmal des Werwolfes. Hexen schauen einem nicht gerne direkt ins Gesicht, damit man sie an ihren Augen nicht erkennt, heißt es. Auch hätten sie angeblich zwei Augäpfel in einem Auge, und man würde sein Bild im Auge der Hexe verkehrt herum spiegeln sehen. Manche Leute sagen, man könne in der linken Pupille der Hexe das Bild einer Kröte erkennen, welches ihr der Teufel eingebrannt habe.

Als ein weiteres typisches Merkmal gilt die lange, schmale und spitze "Hexennase", die schon Paracelsus erwähnte. In mittelalterlichen Texten wird mehrfach die "Frau Precht mit der langen Nas" oder "Berchten mit der langen Nas" erwähnt, also die Göttin Perchta. Vielleicht geht diese Vorstellung auf den heidnischen Brauch zurück, zum Perchtenfest Vogelmasken mit langen spitzen Schnäbeln zu tragen.

Man sagt, die Zauberfrauen hätten krumme Finger mit gelben Flecken auf den Nägeln. Diese Flecken sind auch als "Totenmale" bekannt und kündigen Sterbefälle in der nächsten Umgebung an. Weitere angebliche Kennzeichen sind eine tiefe, rauchige Stimme, eine weiße Leber und rotes oder dunkles Haar. Rote Haare galten bei den germanischen Stämmen als Schönheitssymbol und Zeichen der Lebenskraft. Rothaarig ist Donar, der Gott des Blitzes, der Stärke und Fruchtbarkeit. Erst in christlicher Zeit wurde diese Haarfarbe verteufelt.

Als Farbe der Hexen gilt das Grün, welches auch die Naturgeister tragen. In den Sagen tritt der Teufel hin und wieder als "Grünrock" auf. Daneben kommt blaue, schwarze und grauweiße (naturfarbene) Hexenkleidung in den Volkserzählungen vor. Blau ist die Farbe der Götter; noch heute werden z. B. die indischen Gottheiten blauhäutig dargestellt. Es heißt, daß der Teufel vor der blauen Farbe fliehe, da sie die Farbe des Himmels sei. Wodan und Frau Holle tragen als oberste Himmelsgottheiten blaue Mäntel, und auch zum Donnergott gehört neben der roten die blaue Farbe als Symbol der Gewitterwolke. Dunkles Blau symbolisiert die Nacht und die Unterwelt. Ähnliches gilt für das Schwarz, was den Hexen auf ihren nächtlichen Zusammenkünften eine gute Tarnung bot. Vereinzelt tragen die Hexen angeblich rote oder verschiedenfarbige (rote und schwarze) Strümpfe und ein rotes Kopftuch oder eine schwarze Haube. Die verschiedenfarbigen Strümpfe haben ähnliche Bedeutung wie das Tragen eines einzelnen Schuhes bei manchen schamanischen Riten: Mit dem einen Fuß steht man im Diesseits, mit dem anderen im Geisterreich. Die Hexe steht zwischen den beiden Welten; so mag der rote Strumpf für die Welt der Lebenden und der schwarze für die Welt der Toten, der Geister, stehen.

Weiterhin werden bei den Hexenbeschreibungen weiße Stirnbänder und ein blauer Mantel erwähnt. Wenn im späten Mittelalter eine Frau einen blauen Mantel oder Rock trug, konnte es ihr passieren, daß sie der Hexerei verdächtigt wurde. Prozeßakten von 1482 und 1486 belegen die Verhaftung solcher Frauen. Der blaue Mantel und auch die schwarze Haube gehörten in heidnischer Zeit tatsächlich zur Ausstattung der Zauberfrauen, wie es uns in der nordischen Saga von Erich dem Roten geschildert wird. Dort finden wir eine ausführliche Beschreibung einer Völva, einer weisen Zauberin: »Sie trug einen blauen Mantel mit Spangen. Der war bis zum Saum besetzt mit kostbaren Steinen. Um den Hals hatte sie Glasperlen. Auf dem Haupt trug sie eine Haube von schwarzem Lammfell, innen mit weißem Katzenfell gefüttert. In der Hand hielt sie einen Stab mit einem Knauf oben. Der war mit Kupfer eingelegt, oben am Knauf aber in Steine gefaßt. Um den Leib hatte sie einen Gürtel mit Zündschwamm, und daran hing ein großer Lederbeutel, in dem sie die Zaubermittel trug, die sie für ihre Weissagung benötigte. Sie hatte an ihren Füßen zottige Kalbfellschuhe mit langen und starken Riemen, sowie große Messingknöpfe an deren Enden. An den Händen hatte sie Handschuhe aus Katzenfell, die innen weiß und zottig waren ... Sie hatte einen Messinglöffel und ein Messer mit einem Griff aus Walroßzahn, an diesem zwei Kupferringe.«

Hier haben wir eine sehr ausführliche Beschreibung einer Zauberfrau. Interessant ist besonders der erwähnte Zauberbeutel, ein typisches Attribut der Hexen. Er enthält verschiedene tierische, pflanzliche und mineralische Bestandteile, wie z. B. Tierklauen, Zähne, Federn, Ebereschenzweige, Bernstein und ähnliches. Man hat solche Beutel vereinzelt gefunden. Auch die Schamanen besitzen sie und benutzen die einzelnen Bestandteile für Reisen in die Unterwelt. Ein Knochen oder Zahn des Totemtieres dient dem Schamanen oder der Hexe dazu, Kontakt mit dem Tiergeist herzustellen.

Die in der Saga erwähnten Katzenfelle werden immer wieder mit Hexen in Zusammenhang gebracht. Die Katze gilt als klassisches Hexentier mit übersinnlichen Fähigkeiten. Ihr Fell verleiht magische Kräfte. Streicht man im Dunkeln über das Fell einer Katze, so kann man Funken sprühen sehen. Außerdem schützt es vor Rheumatismus. Die Katze galt in alter Zeit als Tier der Fruchtbarkeit. Einige der Hebammen ließen die Frauen auf Katzenfellen gebären. Die Katze ist der Fruchtbarkeitsgöttin Frowa (nordisch Freyja) heilig, welche auch über die Zauberkunst, den Mond und die Geburt gebietet. Schon seit urdenklichen Zeiten werden Katzen mit dem Mond in Verbindung gebracht. Von den Waldfrauen wird übrigens erzählt, sie trügen Schürzen aus Wildkatzenfell.

Bei Zauberhandlungen wird manchmal Nacktheit vorgeschrieben, oder man trägt reine weiße Leinengewänder. Seide, Chemiefaser oder schwarze Kleidung behindern das Fließen der Zauberkräfte, werden also als Kleidung bei magischen Handlungen vermieden. In Seide hüllt man sich nur, um vor störenden Einflüssen geschützt zu sein. Schwarz dient zur Verschattung, zur Abgrenzung und zur Tarnung beim nächtlichen Hexentreffen.

Viele Hexen besitzen einen Zauberstab aus einem bestimmten Holz; das kann ein ellenlanger Haselstab sein, mit dem man als Wünschelrute Erze oder Wasseradern aufspürt. Oder es wird ein körperlanger Stecken als Reitstab benutzt, um schamanische Reisen durchzuführen. In England verwendeten die Hexen Stecken aus Eschenholz als Reitstäbe, in Schottland waren diese aus Holunder. Die Wünschelrute muß zu bestimmten Zeiten geschnitten werden. Meist wird das einjährige Reis eines Haselstrauches verwendet, das mit drei Schnitten abgetrennt werden muß. Beim Schneiden wird die Haselrute mit zauberkräftigen Worten beschworen, damit die Kraft aus ihr nicht entweichen kann.

Hier sehen wir zwei Zauberinnen in der typisch englischen Hexentracht des 17. Jh. Besonders auffällig ist der dunkle kegelförmige Hut. Aus: »The wonderful discovery of the Witches in the County of Lancshire«, 1613

Daneben besitzt die Hexe noch andere wichtige Zauberwerkzeuge. Ein eisernes Messer dient zur Geisterbannung und zum Ritzen magischer Zeichen. Dazu besitzt die Hexe natürlich den bereits erwähnten Zauberbeutel mit entsprechendem Inhalt. Manche Hexen tragen ein blaues Steinchen bei sich, um Zauber damit zu wirken.

Aus England ist eine besondere Huttracht der Hexen überliefert: Der schwarze Kegelhut mit breitem Rand, der auch bei uns das Hexenbild prägt. Hohe Hüte galten in alter Zeit als Zeichen besonderer Weisheit. Weise Menschen besitzen um den Kopfbereich ein besonders starkes Kraftfeld, eine ausdrucksvolle Aura. Der hohe Hut symbolisiert diese Aura, ähnlich wie die Krone eines Königs oder der Heiligenschein eines Engels. Manche Leute deuten den Hexenhut auch als Kraftkegel, der von der Erde aufsteigt und in den Himmel ragt, praktisch als Verbindung von Himmel und Erde. Die bereits erwähnte Nacktheit der Hexen bei ihren Zauberhandlungen wurde von den Kirchenmännern als Schamlosigkeit und Lüsternheit mißgedeutet. Dabei galt in heidnischer Zeit der nackte Mensch als besonders rein. In vielen Kulturen traten früher die Priester und Zauberer unbekleidet vor ihre Gottheiten. Man glaubte, daß sich schädliche Geistwesen in der Kleidung verbergen könnten. Einem nackten Menschen gegenüber haben die Geister keine Gewalt. In späterer Zeit wurde die Nacktheit oft durch das Tragen eines weißen Hemdes ersetzt; hingegen waren Barfüßigkeit und aufgelöstes Haar weiterhin vorgeschrieben. Viele Schutz- und Abwehrzauber verlangen, daß man sie unbekleidet durchführt. So werden z. B. Flüche oder böse Geister abgewehrt, indem man die nackte Kehrseite zeigt. Bei einigen Fruchtbarkeitszaubern wird die Scham entblößt. Die Zauberin umwandelt nackt dreimal das Haus oder Feld, um es zu schützen. Viele Völker glauben, daß die Hexen an bestimmten Tagen nackt auf Tieren oder Stecken zu ihren Festen reiten. Dort tanzen sie dann unbekleidet um das Mai- oder Mittsommerfeuer. Um Geister sehen zu können, setzen sich die Hexen nackt an bestimmte Plätze. Wetterzauber müssen stets unbekleidet durchgeführt werden; das gleiche gilt für Liebes- und Heilzauber.

3. Die Hexenfahrt

Bevor ich auf die Vorstellung des Hexenfluges genauer eingehe, möchte ich zuerst ein paar alte Quellen dazu zitieren. In einem Gedicht des Mittelalters heißt es:

Es konnte niemand bewahren,
daß ich muß ausfahren
mit der Nachtfrau;
da sprach ich zu meinem Gesellen:
Als schier so es Nacht wird,
die Fahrt mich nicht verbirt(?),
ich soll leiden große Not,
besser wäre mir der Tod.
Ist aber, daß es mir wohl ergeht,
So komm ich, wenn der Hahn kräht,
das weiß ich aber nicht.
Mein Getreuer, du sollst mir ein Licht
kleben hin an etwas,
daß ich kann desto besser
kommen her wieder heim:
Klebe es an einen Stein
oder kleb es an die Wand.

Hier berichtet ein Weib von der nächtlichen Ausfahrt mit der "Nachtfrau". Den Hexen wurde oft vorgeworfen, sie unternähmen unter der Führung eines dämonischen weiblichen Wesens derartige Ausflüge. Etwa um das Jahr 899 schreibt Regino von Prüm im *de synodalibus causis et disciplinis ecclesiasticis libri duo*: »Es darf nicht übergangen werden, daß es gewisse verbrecherische Frauen gibt, die Satan gefolgt sind und, durch Blendwerk und Vorspiegelungen der Dämonen verführt, glauben und bekennen, des Nachts zusammen mit der heidnischen Göttin Diana und einer unzählbaren Menge von Frauen auf gewissen Tieren durch die Luft zu reiten, in der Stille der dunklen Nacht große Entfernungen zurückzulegen, die Weisungen der Göttin zu befolgen, als wäre sie ihre Herrin, und in bestimmten Nächten zu ihrem Dienst gerufen zu werden.« Hier haben wir also den Hinweis, daß die Hexen eine heidnische Göttin verehrten und mit ihr zu bestimmten Zeiten ausfuhren. Da der Text im Original in Latein verfaßt wurde, verwendete der Schreiber einen römischen Götternamen, nämlich Diana. Hierzulande sprach das Volk natürlich nicht von der Göttin Diana, wie die Gelehrten es taten, sondern gebrauchte die deutschen Götternamen. So schreibt im 15. Jahrhundert Johannes Herolt im *Sermones*: »Einige glauben, daß Diana, in der Volkssprache Frau Berthe oder die selige Frau genannt, in der Nacht mit ihrem Heer umgeht und sie große Distanzen zurücklegen.« Derselbe Text in einer Ausgabe von 1484 erwähnt statt Frau Berthe die Frau Helt, also Frau Holde oder Holle. Nun sind Berthe, auch Perchta genannt, und Frau Holde ein und dieselbe Göttin. Es gibt sogar die Bezeichnung "Berchtholda" für diese Gottheit. Die guten Geister im Gefolge der Frau Holde nannte man die Holden, die bösen Unholde. Manchmal wurde auch der ganze Zug der Fahrenden als "Holda" bezeichnet; so z. B. bei Burchard von Worms im *Decretum* (11. Jh.): »Einige Frauen behaupteten, in bestimmtem Nächten gezwungen zu sein, eine Schar von in Frauen verwandelten Dämonen zu begleiten, die beim törichten Volk Holda heiße.« Die Hexen verehrten also keineswegs den Teufel, sondern die Göttin Holde; ihren Namen finden wir in zahlreichen Variationen: Holle, Hulle, Holda, Hulda, Helle, Helt, Holt, Hela, Hludana und nordisch Hlodyn. Sie entspricht der skandinavischen Göttin Frigg, worauf auch die Form Frigaholda hindeutet. Bei uns kommen auch die Namen Fria, Frau Fricke oder Frick vor. In Süddeutschland hat sich hingegen der Name Perchta mehr durchgesetzt, der ebenfalls sehr variiert: Berchta, Precht, Pertha, Bertha, wendisch Parychta, Peruchta oder Sperechta. Hier handelt es sich um einen uralten Göttinnenkult, der später von der Kirche verteufelt wurde. In einigen Berichten taucht ein anderer interessanter Name für die Nachtfahrenden auf: Wuotisen. Besonders in der Alpengegend scheint diese Bezeichnung häufig zu sein. Wuotise oder Wuttise geht auf den Namen

Die Hexen salben sich zur Ausfahrt; anonymer Stich um 1500.

Wodans zurück, dem Anführer der Wilden Jagd, auch Wütendes Heer genannt. Wodan und Holle ziehen mit der Schar der Geister im Sturmwind durch die Lande. Zu ihnen gesellen sich die Seelen der Hexen, welche mithilfe einer besonderen Salbe ihren irdischen Körper verlassen können. Hartlieb schreibt im 15. Jh. über die Nachtfahrerinnen: »Zu solchen Fahrten nützen auch Mann und Weib, nämlich die Unholden, eine Salbe, die heißt Ungentum Pharelis. Die machen sie aus sieben Kräutern und brechen jegliches Kraut an einem Tag, der dann demselben Kraut zugehört, als am Sonntag graben sie Solsequium, am Montag Lunariam, am Dienstag Verbenam, am Mittwoch Mercurialem, am Donnerstag Barbam Jovis, am Freitag Capillos Veneris, daraus machen sie dann Salbe mit Mischung etlichen Blutes von Vögeln, auch Schmalz von Tieren, das ich nicht schreibe, damit keiner davon soll geärgert werden. Wenn sie dann wollen, so bestreichen sie Bank und Säule, Rechen oder Ofengabeln, und fahren dahin.« Bei Vintlers *Pluemen der Tugend* (1411) heißt es: »Uil kunnen salben den kubel, das sy obnan ausz faren« (Viele können den Kübel salben, daß sie oben ausfahren). Und weiter: »So farent ettlich mit der far, auff kelbern und auch pecken durch stain und stecke« (So fahren ettliche mit der Nachtfahrenden auf Kälbern und auch Böcken, durch Stein und durch Stecken).

Im 13. Jh. wird noch behauptet, die Nachtfahrenden seien die "Träume alter Weiber". Damit hat der Schreiber gar nicht so Unrecht, denn die Flüge und Ausfahrten der Hexen fanden nicht körperlich, sondern im Geiste statt. Am besten kann man es mit den Fahrten der Schamanen naturreliöser Völker vergleichen. Der Schamane nimmt gewisse Pflanzen ein, gerät in einen anderen Bewußtseinszustand und kann so seinen Geist vom Körper lösen. Der Geist reist nun an ferne Orte oder in die Unterwelt, trifft andere Geister oder vertreibt Krankheitsdämonen. In einer nordischen Saga erhält ein Mann aus dem Grabhügel einer Frau Krummstab und Bandhandschuhe, setzt sich auf den Stab und reist in die Unterwelt, wo er für die anderen Geister unsichtbar bleibt. Als er jedoch vom Stab fällt, wird er sichtbar und muß fliehen. Ob der Mann, der hier als Schamane auftritt, irgendwelche bewußtseinserweiternden Pflanzen einnahm, wird leider nicht erwähnt. Vom Gott Oðinn (Wodan) heißt es in der *Ynglinga saga*, er könne, während er wie tot daliege, mit seinem Geist als Tier, Schlange, Vogel oder Fisch in fernste Länder reisen. Im Norden nennt man diese Art des Schamanismus "Gandreið", was "Ritt auf dem Zauberstab", also "Geistreise" bedeutet. Dazu benutzt man einen Stecken aus einem bestimmten Holz, z. B. Eschen-, Birken- oder Holunderholz. Oft wird in das eine Ende der Kopf eines Tieres geschnitzt, z. B. ein Pferdekopf. Daraus entstand in späterer Zeit das sogenannte "Steckenpferd", auf dem die Kinder zu reiten pflegten. Man glaubte daher, daß die Hexen auf Tieren durch die Luft fliegen würden. In einer alten Zauberbeschreibung wird ein Zaunstecken beschworen, sich in einen Bock zu verwandeln und so zu der Geliebten des Zauberers zu fahren und diese herzuholen. Es wird meist das Seelentier der Hexe oder des Schamanen als Reittier gewählt. Dieses Seelentier ist ein Schutzgeist des Menschen. Es gibt menschliche und tierische Schutzgeister; im Norden nennt man einen solchen Geist Fylgia, das bedeutet Folgegeist. Später wurde behauptet, die Hexen flögen auf Böcken, Kälbern, Schweinen, Wölfen, Katzen und andern Tieren, oder sie würden auf Zaunpfählen, Ofengabeln, Besen, Schaufeln, Rechen, Spinnrocken oder Kochlöffeln durch die Luft reiten. Meist verwendeten sie dazu die berüchtigte Salbe, mit der sie sich und ihre Reitgeräte einschmierten, noch einen Ausfahrtsspruch murmelten und schließlich angeblich davonflogen. Solche Ausfahrtssprüche lauteten z. B.:

»Hui, oben aus und nirgends an!«

»Fahr hin, nicht zu hoch und nicht zu nieder!«

Von den indischen Zauberinnen weiß man, daß die ebenfalls Ausfahrtsprüche verwendeten; so heißt es im *Somadeva*: »Kalaratri sagte ihn her und flog alsbald mit ihren Schülerinnen und dem Kuhstall, auf dessen Dach sie stand, empor und fuhr auf dem Wolkenpfad, wohin sie wollte; ein Mann, der sie belauscht hatte, nutzte denselben Spruch, um ihr nachzufahren.«

Die Hexensalbe dient der Bewußtseinserweiterung und verursacht einen Rauschzustand. Es gibt die verschiedensten Zusammensetzungen dieser Salben; so enthalten einige Mohn, Bilsenkraut, Wasserschierling und Sturmhut, wobei auch ungiftige Pflanzen, wie Fingerkraut und Pappelblätter genannt werden. Als tierische Bestandteile werden Tierfett und Blut erwähnt, wobei das manchmal verwendete Krötenfett Bufotenin enthält, eine bewußtseinserweiternde Substanz. Oft warf man den Hexen vor, sie würden das Fett ungeborener Kinder benutzen, was vielleicht bei Schadzauberern sogar vorkam.

Manche Rauschpflanzen bewirken auf der Haut eingerieben das Gefühl, als wenn Haare oder Federn wachsen würden. So glaubt sich der Schamane in ein Tier zu verwandeln. Daß sich die Hexen in Tiere verwandeln können, wird häufig erwähnt. Das gleiche tut der Schamane, wenn er sich mit seiner Tiermaske in Ekstase tanzt und dabei in das Bewußtsein gerät, er selber sei das Tier. Statt der Maske wird manchmal ein besonderer Gürtel verwendet, der auch in den Hexenakten der Inquisitionszeit erwähnt wird. Es heißt, daß die Hexen vor ihrem Ritt auf dem Stecken einen Zaubergürtel anlegen. Der Gürtel ist ein uraltes magisches Hilfsmittel. Der Donnergott besitzt den Gürtel Megingiard (Kraftgürtel), die griechische Göttin Aphrodite benutzt ihren Gürtel, um besonders anziehend zu wirken. Das Halsband der Göttin Frowa ist aus dem älteren magischen Leibgürtel, der auch gleichzeitig zur Geburtserleichterung umgelegt wurde, entstanden. Im späteren Volksglauben ist der christliche Rosenkranz an seine Stelle getreten. Die Hexen machen sich einen Gürtel aus dem Leder ihres Krafttieres, um sich in dieses verwandeln zu können. Ein Gürtel aus Wolfsleder verwandelt den Menschen in einen Werwolf, wenn er den richtigen Zauberspruch dazu aufsagt. Es heißt, der Zaubergürtel sei etwa drei Finger breit. In einer Rügener Sage legt sich eine junge Hexe einen Zaubergürtel an, den sie bereits von ihrer Mutter geerbt hat, und wird so zu einem Hasen. In dieser Gestalt besucht sie heimlich ihren Geliebten, der nichts von ihren Zauberkünsten ahnt. Eines Tages vergißt sie, sich rechtzeitig in einen Menschen zurückzuverwandeln, wird in Hasengestalt von ihrem Freund entdeckt und niedergeschlagen, worauf sie ihr ganzes Leben krank bleibt. Wir dürfen annehmen, daß es sich bei dem Material des Gürtels um Hasenleder handelte.

Das Fliegen ist ein uralter Menschheitstraum. Es ist die Sehnsucht des Geistes, frei umherschweifen zu können, ungebunden zu sein. Viele Leute können im Traum fliegen und erleben das Gefühl des Dahingleitens geradezu körperlich. Nach dem Erwachen können sie es kaum glauben, wieder an ihren irdischen Leib gebunden zu sein. Manche von ihnen träumen luzide, also bewußt, und können so sich nach Belieben während des Traumes in die Luft erheben. Manche fliegen ohne Hilfsmittel, andere benutzen einen Stecken. Es ist erstaunlich, wie diese Träume den Vorstellungen vom Hexenflug gleichen. Sie sind der erste Schritt in einen höheren Bewußtseinszustand, ganz ohne Rauschmittel.

4. Die Hexenfeste

Als wichtigstes Fest der Hexen gilt nach dem Volksglauben die Walpurgisnacht, der Vorabend des 1. Mai; ursprünglich handelte es sich dabei um den Vollmond im Mai, denn das Heidentum Mittel- und Nordeuropas rechnete den Monat von Vollmond zu Vollmond und kannte die heutige künstliche Monatseinteilung nicht. Somit fiel der 1. Mai auf einen Vollmond. Der Name Walpurgis geht vermutlich auf die Bezeichnung "Wallburg" zurück; zu diesen Wallburgen pilgerten die Menschen hin, um sich dort zu versammeln, denn die Heiden feiern an diesem Abend das Maifest, später mit dem Mailag, einer Volksversammlung, verbunden. Mit diesem Fest beginnt der Sommer, der mit großer Freude und Ausgelassenheit begrüßt wird. Liebe und Fruchtbarkeit spielen in dieser Zeit eine große Rolle. Wegen der erotischen Bedeutung galt dieses Fest bei den Kirchenmännern als besonders heidnisch und damit als teuflisch. Die heidnischen Götter wurden zu Teufeln erklärt, ihre Anhänger zu Teufelsanbetern. Die Kirche sprach von Orgien der Hexen (Heiden) und Teufel, von sexuellen Ausschweifungen. Später erklärte man den 30. April zum Tag der christlichen Heiligen Walpurga, ursprünglich der Name einer Seherin (Waluburg) des Stammes der germanischen Semnonen. Neben der Walpurgisnacht gelten Johanni und Bartholomäi als wichtige Hexenfeste. Auch hier handelt es sich um zwei uralte heidnische Feste, nämlich um das Mittsommer- und das Erntefest.

Die Feste werden auf heiligen Plätzen begangen, so auf Götterbergen, an Seen, auf Wiesen, in Schluchten, an Steinen oder an alten Bäumen. Fast alle Hexenberge sind alte Opfer-, Gerichts- oder Salzberge. Bei Rothenburg liegt der Hexenbuckel, bei Passau der Unholdenberg. Im Harz liegt der berühmte Brocken oder Blocksberg. Es heißt, die Hexen ziehen am 1. Mai auf den Blocksberg und müssen in den folgenden 12 Tagen den Schnee wegtanzen, ein Hinweis darauf, daß das heidnische Maifest 12 Tage andauerte. Anfang des 14. Jh. wird der "Brochelsberg" (Brocken) im Münchner Nachtsegen als Aufenthaltsort von Geistern und Hexen erwähnt, ebenso Ende des 14. Jh. in einem Beichtbuch (Brockesberg). Im Jahre 1581 heißt der Berg "Broccenbergus", sieben Jahre später "Bloccenbergus". Der Name "Blocksberg" kommt von ahd. "Blotzberg", "Opferberg". Auf dem Brocken wurde nicht nur das Maifest gefeiert, sondern auch Mittsommer, das Erntefest, Winternacht und Weihnachten. Auf dem Brocken entspringt eine heilige Quelle (Hexenbrunnen), neben ihr steht der "Teufelsnapf" oder auch "Hexenwaschbecken", ein Granitblock mit einer Mulde. In diesem befand sich geweihtes Wasser aus der Quelle, z. B. Osterwasser, mit dem die ankommenden Hexen von der Priesterin oder dem Priester besprengt wurden und somit kultisch gereinigt waren. Auf dem Brocken steht ein Hexenaltar, der von den Festteilnehmern fröhlich umtanzt wurde. Unter dem Altar soll sich ein geheimer Gang befinden, wo man zuweilen ein Licht erblicken kann. Außerdem gibt es eine Brautklippe, die im Mai von den jungen Frauen mit Blumen und Kränzen geschmückt wurde. Hier hat man in alter Zeit heidnisch geheiratet. Andere bekannte Hexenberge sind der Horselberg bei Eisenach (man hört hier die Seelen der Verstorbenen wimmern und spricht deshalb vom Hör-Seelen-Berg), der Bechtelsberg bei Ottrau (Bechtel ist die Erdgöttin Berchta), der Köterberg (Götterberg) bei Corvey und der Huiberg bei Halberstadt. Es gibt Hexengräben, Hexensteine, Teufelsseen überall im Lande. Man erzählt, die Hexenversammlungen würden an einer Eiche, einer Linde, einer Buche, einer Birke oder an einem Apfel- oder Birnbaum stattfinden. Manche reden auch von Kreuzwegen oder Galgenbäumen als Treffpunkte, doch hier kommen die Hexen sicherlich nicht zum Feiern, sondern zum gemeinsamen Zaubern zusammen. Während es bei den Festen in erster Linie um die Verehrung der Götter geht, dienen die anderen Treffen der Hexen dazu, mit Geistern in Kontakt zu treten (Kreuzwege waren schon immer beliebte Aufenthaltsorte von Geistern) oder Zauber zu wirken. In den nordischen Erzählungen aus heidnischer Zeit wird oft von Zauberinnen berichtet, welche am Abend oder in der Nacht ausfuhren oder ausritten. Das nächtliche Umherstreifen der Zauberinnen in den Wäldern ist also ein durchaus reales Bild und kein purer Aberglaube. Die alten Bezeichnungen für solche Frauen lauten "Nachtfahrerin", "Nachtfrau" oder "Nachtreiterin". Es gibt acht große heidnische Feste, die natürlich auch von den Hexen gefeiert wurden und werden, denn eine Hexe ist immer auch eine Heidin (wobei natürlich nicht jede Heidin auch eine Hexe ist). Hier nun eine kurze Beschreibung dieser Feste: Das erste ist das Jul- oder Weihnachtsfest zur Wintersonnenwende. Man feiert vom 21. 12. bis 2.1. die heiligen zwölf Rauhnächte, deren letzte Nacht die alte Neujahrsnacht war. Hier geht es um die Wiedergeburt der Licht- und Sonnengötter (Fosite und Fro) aus dem Schoß der Erdmutter. Der 21. Dezember ist die längste Nacht des Jahres und wird "Mütternacht" genannt. Der letzte Abend der Rauhnächte heißt noch heute in manchen Gegenden "Perchtenabend", nach der Erdgöttin Perchta. Die Hexen besitzen in den Rauhnächten große Zaubermacht, da nun die Erdkräfte besonders gewaltig sind. Diese Kräfte benötigen die Hexen für ihre Zauberhandlungen. Sie opfern der Erdmutter spezielle Gaben, wie z. B. Mohngebäck, Nüsse, Fisch, Käse, Milch oder Bier. Es ist die Zeit der Orakel, wo man erfährt, was das neue Jahr bringen wird. Auch die neugeborene Sonnengöttin wird freudig begrüßt und beschenkt. Heute wird sie noch in Schweden als Heilige Luzia verehrt. Im Norden fanden zur Julzeit große Gelage statt, die zu Ehren Oðins, dem höchsten der Götter, abgehalten wurden. Als Ersatz für Oðinn erscheint heute der hl. Nikolaus als Gabenbringer. Das zweite Fest ist die Fasnacht, das keltische Imbolc, wo es darum geht, den Winter zu vertreiben und die Fruchtbarkeit von Natur und Mensch zu fördern. Es ist der alte Frühlingsbeginn und wird am Vollmond nach dem ersten Neumond nach Ende der 12 Rauhnächte gefeiert. Ihm entspricht das christliche Maria Lichtmeß. Die Fruchtbarkeitsgötter Fro, Frowa und Nerthuz werden kultisch verehrt. Zur Frühlingsgleiche (20. 3.) findet das heidnische Osterfest statt, das seinen Namen von der Göttin Frowa-Ostara hat. Hier besiegt der junge Sonnengott endgültig den Winterdrachen und befreit die Erdgöttin. Die Tage werden länger als die Nächte, die ersten frischen Kräuter brechen hervor. Die Hexen bereiten eine Speise aus neun solchen Kräutern, um Kraft und Gesundheit zu erlangen. Die Säfte des Körpers werden gereinigt. Mit dem Hexenbesen aus Birkenreisern fegt man die Stube und verscheucht so böse Geister. Gegen Mitternacht wird das zauberkräftige Osterwasser schweigend geschöpft. Das heilige Tier Ostaras ist der Hase, Symbol der Fruchtbarkeit. Der Gewitter- und Fruchtbarkeitsgott Donar (Thor) ist aus seinem Winterschlaf erwacht und wird freudig begrüßt. Das vierte Fest ist das Maifest, die bereits erwähnte Walpurgisnacht oder das keltische Beltaine, wo der Sommer und somit die große Freudenzeit beginnt. Sonnengott und Erdgöttin feiern die heilige Hochzeit, was auf Erden die

Menschen in Mysterienspielen feiern, indem sie Maigraf und Maigräfin als Vertreter der Götter küren. Es ist ein sehr erotisches, lebensfrohes Fest, das die Fruchtbarkeit und Lebenskraft von Mensch und Tier fördern soll. Der ursprüngliche Zeitpunkt dieses Festes ist der zweite Vollmond nach Ende des Osterfestes. Wegen seiner sexuellen Bedeutung wurde es von der Kirche besonders verteufelt. Das Bad im Maitau gilt als heilbringend und verjüngend. Wenn sich die heidnischen Mädchen nackt im Maitau wälzten, muß das auf die Kirchenmänner wie eine Teufelsbesessenheit gewirkt haben. Es folgt das Mittsommerfest, die Sommersonnenwende am 21. 6., wo die Sonne auf dem Höhepunkt all ihrer Kraft steht. Für die Heiden ist es das Hauptfest und auch das Allthing. Die christliche Entsprechung ist das Johannisfest. Die Mittsommernacht gilt als ausgesprochen magisch. Schätze können nun gehoben werden, die Geister zeigen sich, die Pflanzen besitzen Zauberkräfte. Es heißt, wer nun den Samen des Farnkrautes sammle, der könne sich unsichtbar machen. Die kosmischen Kräfte befinden sich nun auf ihren Höhepunkt; der Lichtgott Phol (Baldr) erlangt seine volle Stärke. Das Wasser ist in der Mittsommernacht besonders zauberkräftig und wird verehrt, z. B. durch Schmücken der Quellen und Brunnen. Ein Bad in dieser Nacht ist sehr heilkräftig. Das sechste Fest findet am zweiten Vollmond nach Ende des Mittsommerfestes statt und heißt Leinernte oder Lugnasad. Es kennzeichnet den Beginn des Herbstes und der Erntezeit; es ist auch als Hagelfest bekannt, wo die ernteschädigenden Sommergewitter abgewendet werden sollen. Hier wird der Donnergott kultisch verehrt. Die Christen kennen dieses Fest als Petri Kettenfeier und als Maria Himmelfahrt. Die Korngöttin Siwa, Gemahlin des Donnergottes, wird um eine gute Ernte gebeten. Kurz danach beginnen die Frauendreißiger, die große Sammelzeit für Heilkräuter. Zur Herbstgleiche (22. 9.) wird das Erntedankfest begangen, wo der Erdmutter Holle und dem Himmelsgott Wodan zum Dank für die reiche Ernte geopfert wird. Der Sonnengott Phol/Baldr sinkt nun in die Unterwelt, die Dunkelheit besiegt das Licht. Es ist die Zeit, wo die weissagenden Runenstäbchen geschnitten werden können. Das letzte Thing des Jahres findet nun statt. Das nächste Fest ist die Winternacht am zweiten Vollmond nach dem Herbstfest, das keltische Samhain, wo besonders der Verstorbenen gedacht wird. Überall auf der Welt werden jetzt die großen Totenfeste begangen, so wie auch die Christen Allerseelen und Allerheiligen feiern. Die Gräber der Verstorbenen werden gereinigt und festlich geschmückt. Für die Toten werden Lichter entzündet, um ihnen den Weg zu weisen. Die Erdmutter Holle ist hier vor allem Totengöttin; ihr Gemahl Wodan zieht als wilder Jäger mit dem Seelenheer durch die Lüfte. St. Martin wurde zum christlichen Ersatz für Wodan. Man opfert den Göttern, den Ahnen und den Naturgeistern. Es ist der ursprüngliche Beginn des Winters. In der Nacht gehen die Geister um und können durch Orakel befragt werden. Besonders in England und den USA ist dieses Fest als Hallowe'en sehr beliebt.

Die meisten heidnischen Bräuche dieser Feste sind bis zum heutigen Tag bekannt geblieben, sei es das Färben der Ostereier, das Maskentreiben zur Fasnacht, das Aufstellen des Mai- oder Weihnachtsbaumes oder das Abbrennen der Johannisfeuer. Wer sich über die Jahresbräuche genauer informieren möchte, der findet hierüber zahlreiche Literatur.

Neben den acht Hauptfesten werden vielerorts unter den Hexen auch die anderen Vollmonde und zuweilen auch die Neumonde gefeiert, wenn die erste Sichel am Himmel sichtbar wird. Noch im Mittelalter wurde der heidnische Brauch gepflegt, zur Begrüßung des neuen Mondes große Feuer abzubrennen. Von der Kirche wurde dieses später verboten. Der Mond spielt im Hexentum eine wichtige Rolle, da er einen großen Einfluß auf die unbewußten, spirituellen Fähigkeiten eines Menschen hat. Ob ein Zauber gelingt, hängt sehr stark von der gerade herrschenden Mondphase ab. Darum beobachten die Hexen den Mondlauf genau.

Im späten Mittelalter und der frühen Neuzeit hatten die Menschen meistens folgende Vorstellungen vom Hexenfest: Am Festplatz finden sich die Zauberinnen mit ihren Buhlteufeln (in Wirklichkeit ihre menschlichen Liebhaber) ein, wobei die vornehmen Frauen sich vermummen, um nicht erkannt zu werden. Dabei sind auch die Geister längst verstorbener Frauen. Die Liebhaber der Hexen sind die Diener des obersten Teufels (also der heidnischen Gottheit), der still und ernsthaft auf einem hohen Stuhl oder Steinaltar in der Mitte des magischen Kreises sitzt. Dieser magische Kreis ist der eingehegte Kultplatz, der die Festteilnehmer vor ihrer Außenwelt abschirmen soll und auch zur Konzentration der Zauberkräfte dient. Oft wird der Teufel in Bocksgestalt geschildert, ein Hinweis auf den Gewittergott Donar, dem zu Ehren man einen Bock opferte. Die Hexen treten nun vor den Teufel (Götterbild), knien nieder und küssen ihn. Die Hexe, welche am höchsten in der Gunst des Teufels steht, wird zur Hexenkönigin gekührt; sie ist also Priesterin der Gottheit. Zwischen den Hörnern des großen Bockes brennt ein Feuer, woran alle anderen Fackeln entzündet werden. Es gibt ein Wasserbecken, aus dem die Teilnehmer mit Osterwasser besprengt werden, um sie zu weihen und zu reinigen.

Das Hexenfest auf dem Blocksberg nach abergläubischen Vorstellungen. Titelkupfer zu: »Blockes Berges Verrichtung« von Johann Prätorius, Leipzig 1669

Nun wird ein üppiges Mahl aufgetragen, angeblich ohne Salz und Brot. Es gibt köstliche Speisen, Salat und mitunter frische Kirschen, heißt es in einigen Berichten. Besonders beliebt ist das Pferdefleisch, eine typisch heidnische Festspeise. Manchmal werden auch schwarze Tiere geopfert, was ein Hinweis auf einen Erdmutterkult ist, denn der Erdgöttin werden in der Regel schwarze Tiere, zum Beispiel schwarze Stiere, dargebracht. Getrunken wird aus Hörnern, Silberschalen, Holzbechern, Tierschädeln und Klauen. Man erzählt sich beim Essen seine Zaubereien und plant gemeinsam neue. Nach der Mahlzeit wird lustig getanzt; ein Spielmann macht Musik mit Fidel, Flöte oder Dudelsack. Meistens setzt er sich dazu auf einen Baum, um besser gehört zu werden. Die Hexen und ihre Liebhaber drehen sich beim Tanz die Rücken zu. Nach einigen Berichten handelt es sich dabei um Schwerttänze, wie sie ja schon die Heiden zu Ostern getanzt haben. Andere erzählen von nach innen gekehrten Ringeltänzen, wobei ein Ring rechts herum und der andere links herum tanzt. Viele Hexentänze finden in der Hocke statt, wie z. B. der Krähen-, Elstern- oder Hasentanz. Es sind tiernachahmende Tänze, schamanische Krafttiertänze. Wenn dazu noch Tiermasken getragen werden, dann verwundert es nicht, wenn neugierige Zuschauer von ferne her glaubten, die Hexen würden in Tiergestalt, meist als Hasen oder Katzen, auf ihren Festen herumtanzen. Oft wird nackt und in ungerader Zahl um das Feuer getanzt. Manche springen auch auf Stecken oder Besen herum.

Ein Beispiel für einen solchen Tanz ist der Pinzgauer Hexentanz: Frauen und Männer stellen sich gegenüber auf und vollführen verschiedene Bewegungen wie Händeklatschen, Drehen, Ohrzupfen, Backenstreich, Ausspucken, Händereichen und Umarmen. Hierbei scheint es sich um einen alten Balztanz zu handeln. Nach dem Tanz findet die sexuelle Vereinigung der Hexen und ihrer Liebhaber statt, was von den Kirchenleuten als grauenhafte Orgie beschrieben wird. Hier wurde natürlich wieder reichlich übertrieben, denn in Wirklichkeit wurde die Heilige Hochzeit gefeiert, um das Wachstum der Natur und die Fruchtbarkeit anzuregen. Auch Liebesorakel werden praktiziert. Am Ende des Festes nehmen sich die Hexen Asche vom Festfeuer mit nach Hause, um damit zu zaubern. Auch das ist ein alter heidnischer Brauch, denn diese Asche gilt als heilig und dient dazu, die Felder fruchtbar zu machen oder um Krankheiten zu heilen.

Am nächsten Morgen findet man heruntergetretenes Gras in Kreisform vor, die sogenannten "Hexenringe" als stumme Zeugen des nächtlichen Festes.

“Hexenring” nennt man übrigens auch kreisförmig gewachsene Pilze. Unter bestimmten Voraussetzungen kann man sich in so einem Ring etwas wünschen und auch die Naturgeister beobachten. Eine Erzählung aus der Schweiz berichtet folgendes von einem “Hexenring”: »Westlich am Säckenberge im Frickthale standen im Mooswalde drei große Eichen nahe beieinander; diese Bäume sind jetzt gefällt, allein um ihren alten Standpunkt zieht sich ein jetzt noch sichtbarer großer Ring, der frei von Gras und Gestrüpp ist, während beides innen und außen reichlich hier aufwächst. Er heißt “Hexentanz”, und man scheut sich noch hinzugehen oder gar in ihn hinein zu treten. Vielmals haben die Weidbuben, die des Nachts draußen bei dem Vieh übernachten mußten, zugesehen, wie die Hexen an den drei Eichen zusammen kamen, zechten und schmausten und dann im Kreise, eine der andern nach, um die Bäume tanzten«. Das Frickthal war ursprünglich eine Kultstätte der Erdgöttin Frick und wurde noch lange Zeit von den Heiden, besonders von den Hexen, aufgesucht. Die alten Eichen waren heilig und wurden von den Heiden umtanzt, so daß sich bald ein großer “Hexenring” auf dem Boden bildete.

Die Kirchenmänner mußten das heidnische Treiben natürlich verdammen. Die Gottheiten wurden zu Teufeln erklärt, die Opferhandlungen zu Teufelshuldigungen. Aus den Fruchtbarkeitsritualen im Frühjahr und Sommer wurden gräßliche Orgien, bei denen die Hexen mit dem Teufel und den anderen Festteilnehmern “Unzucht” trieben. Man unterstellte den Hexen das Opfern kleiner Kinder, Hostienschändung, Giftmischerei und viele andere Untaten. Die Inquisitoren ließen ihrer Phantasie freien Lauf. Besonders schlimm wurde es mit der Veröffentlichung des *Malleus Maleficarum*, des sogenannten Hexenhammers, im Jahre 1487. Darin hieß es, daß die Welt durch die Hexerei untergehen würde, wenn man die Zauberinnen nicht verbrenne. Es war ein fanatischer Aufruf zum Mord an den weisen Frauen. Man behauptete, die Frauen seien von Natur aus anfällig für die Sünde und somit gefährliche Helferinnen des Teufels. Im Hexenhammer wurde aufgelistet, welche Fragen an verdächtige Frauen zu stellen seien. Betreffs des Hexenfestes sollte ein Inquisitor z. B. fragen, wo die Hexe gefeiert habe, welche Speisen angeboten wurden, ob auch Salz dabei wäre, wie die Speisen geschmeckt hätten, welche Leute zum Fest gekommen seien und wie oft die Feste stattgefunden haben. Viele der verdächtigen Personen waren jedoch gar keine Hexen, sondern einfach Leute, die von bösen Nachbarn beschuldigt wurden oder die man einfach loswerden wollte, wobei oft Geldgier der Hintergrund war. Darum sind die durch Folter erzwungenen “Geständnisse” mit Vorsicht zu beurteilen, da die Gemarterten oft nur irgendetwas erzählten, um die Tortur zu verkürzen. Etwa zwei Drittel der als Hexen Verurteilten waren Frauen, da man sie als besonders anfällig für das Böse hielt. Nach Schätzungen Voltaires, dem noch Unterlagen zur Verfügung standen, die heute verloren sind, dürften es ungefähr neun Millionen Menschen gewesen sein, die der Inquisition zum Opfer fielen.

5. Erdmutterkulte

Die Erde ist eine Göttin, die Mutter der auf ihr lebenden Wesen. Dieses Wissen ist allen Naturvölkern eigen. Für die Hexen ist die Erdmutter eine der wichtigsten Gottheiten überhaupt, wie es die mittelalterlichen Quellen zur Hexenfahrt belegen. Es ist die "Frau Helt" oder "Frau Precht", welche die Hexen auf ihrer nächtlichen Ausfahrt begleitet. Von ihr erhalten die Frauen ihre Zauberkraft. Sie ist die Gemahlin des obersten Himmelsgottes und somit auch Himmelskönigin; die anderen Gottheiten sind ihre Kinder. Von der Erde hängt jegliche menschliche Existenz ab, da sie uns mit Nahrung versorgt. Darum gibt es seit uralten Zeiten bei allen Völkern Kulte zu Ehren der Erdmutter. Selbst die Christen verehren sie in Form der Gottesmutter Maria, der "Meereskönigin", wie ihr Name übersetzt lautet. Auch das Meer ist Herrschaftbereich der Erdmutter, ebenso wie Seen, Moore, Brunnen und Teiche. Man nennt den Wohnort der Göttin "Hollabrunn" (nach dem Namen der Göttin) oder "Fennsaal" (nord. Fensalir), was "Moorsaal" bedeutet. Nach altem Glauben sind die Gewässer Zugänge zum unterirdischen Reich der Erdgöttin. Dort hütet sie die Seelen der noch ungeborenen Kinder.

Mannigfaltig sind die Namen der Erdmutter; sie heißt Holle, Hela, Hludana, Hlodyn, Hulda, Hölle oder Helle, was "verhüllend", "verdunkelnd" bedeutet. Die gleiche Bedeutung hat der indische Göttinnenname Kali, denn die Silben "hol" und "kal" haben denselben Ursprung. Zahlreiche Seen, Moore und Berge tragen den Namen der Holle und weisen sich somit als heilige Plätze der Erdmutter aus. "Hüllenpfuhl", "Blanke Helle", "Helle Berge", "Frau - Holle - Berg" und ähnlich lauten solche Namen. Nach der Göttin heißen auch der

Holunder und der Wacholder, die ihre heiligen Sträucher sind. Der Klatschmohn wird im Volksmund als "Höllenblume" und die Maus als "Höllenmännchen" bezeichnet. Aber auch andere Pflanzen sind der Erdmutter geweiht, z. B. der Wermut und das Stiefmütterchen; unter den Bäumen die Linde, die Ulme, der Ahorn, die Lärche, der Apfel- und der Birnbaum.

Ein anderer Name der Göttin ist Perchta, Berchta, Berta, Parychta oder Pertha, die "Verbergende". Gerade in Süddeutschland ist er noch heute sehr geläufig; so ist Berchtesgaden nach dieser Göttin benannt. Daß der Name Pertha sehr alt ist, belegt eine Inschrift aus der Römerzeit, im heutigen Frankreich gefunden: PERTÆ EX VOTO (Der Perta geweiht). Andere Namen der Erdmutter sind Frau Fricke (nord. Frigg), verwandt mit dem indischen Namen Prithivi, sowie Folde, Frau Harke, Erce, Nerthe oder Nerthuz. Bei anderen Völkern heißt die Erdgöttin Danu, Zemyna, Mara, Demeter, Ceres, Isis, um nur einige Namen zu nennen.

Frau Holle schützt die Frauen, besonders die Mütter, schenkt Fruchtbarkeit, Kindersegen und Gesundheit. Sie nimmt die Verstorbenen auf, hat also eine wichtige Funktion als Totengöttin. Mit den Seelen der Toten zieht sie zu bestimmten Zeiten über den Himmel, vor allem in den zwölf Rauhnächten der Weihnachtszeit und in den Herbststürmen. Auch die Hexen, welche die Technik des Körperaustritts beherrschen, fahren mit der Göttin.

Durch die Verbindung mit der Erde erhält die Hexe ihre Zauberkraft, weshalb das sogenannte "Erden" eine wichtige magische Technik ist. In der Inquisitionszeit versuchte man, gefangene Hexen vom bloßen Erdboden fernzuhalten, damit sie keine Zauber ausüben konnten. Bei magischen Handlungen ist das Barfußgehen eine wichtige Voraussetzung; wir kennen dies schon von den Priesterinnen des Stammes der germanischen Kimbern; diese Frauen zogen barfuß, in langen weißen Leinengewändern und mit ehernen Gürteln bekleidet umher.

Die Erdmutter ist Heilgöttin. Wenn die Hexe krank wird, legt sie sich nackt auf die bloße Erde und läßt ihr Leiden in den Boden abfließen, bis sie merkt, daß ihre Kräfte wieder voll hergestellt sind. Am besten eignen sich hierfür natürlich Moore, wo ja die Erdkraft besonders stark ist. Die germanischen Völker kennen ein Runenzeichen, welches die heilende Erdkraft symbolisiert; es ist die Rune "Uruz", die zweite in der Runenreihe. Hexen, die sich besonders aufs

Heilen verstanden, nannte man "Lachsnerinnen" oder nordisch: Laeknar. In der *Edda* heißt es zur Uruz-Rune:

»Ein anderes kann ich,
dessen alle bedürfen,
die als Laeknar leben wollen«.

Hier erfahren wir, wie wichtig diese Rune im Heilungszauber der nordischen Hexen war. Sie stellt das Ur-Rind dar, ein heiliges Tier der Frau Holle. Früher wurden der Erde schwarze Stiere geopfert. Im nordischen Schöpfungsmythos ist die Kuh Audhumbla die Mutter allen Lebens und Ernährerin der ersten Wesen. Den Hexen wurde später oft unterstellt, daß sie die Macht hätten, Kühe und deren Milch zu verzaubern. Es hieß, die Hexen hätten ein großes Verlangen nach Kuhmilch und würden sie ihren Nachbarn auf magische Weise stehlen. Die Kuh als Symbol der Erdmutter verleiht besondere Kräfte. Wer sich nachts auf eine Kuhhaut setzt, vermag Geister zu sehen. Es ist bestimmt kein Zufall, daß der Teufel im Volksglauben so gerne mit Kuhhörnern dargestellt wird. Das Horn war in alter Zeit ein heiliges Trinkgefäß, aus dem man zu Ehren der Götter berauschende Getränke einnahm. Nach späteren Berichten vom "Hexensabbat" (ein christliches Schimpfwort für das Hexenfest) benutzten die Zauberweiber Kuhhörner als Trinkgefäße.

Zahlreich sind die alten Gebete, mit denen die Erdmutter angerufen wurde und noch heute von den Hexen angerufen wird. Bei den Angelsachsen rief man:

»Heil sei dir Folde, der Menschen Mutter!«

Bei den Nordgermanen sagte man:

»Heil dir, vielnütze Fold!«

Es ist erstaunlich, wie sich beide Formeln ähneln, sogar den gleichen Namen für die Erde verwenden. Andere alte Formeln lauten:

»Die Erde bitt' ich und den Überhimmel...«

»Erce, Erce, Erdenmutter!«.

Besonders groß ist die Macht der Erdgöttin in den 12 Nächten nach der Wintersonnenwende. Hier offenbart sie ihre Funktion als große Erdmutter Nerthuz, die den Sonnen- und Feuergott Ingwaz-Fro (ind. Agni) gebiert, zeigt sich aber auch von ihrer dunklen Seite, als Herrin der Totengeister. Die Hexen verfügen jetzt über besonders starke Kräfte, da nun das Tor zur Geisterwelt offensteht und die Erdstrahlung stärker ist als zuvor. Es ist die beste Zeit, um die Götter und Geister nach der Zukunft zu fragen. In alter Zeit setzte sich die Hexe in den Zwölften um Mitternacht auf das Dach ihres Hauses und wartete, bis Frau Holle und ihr Gemahl Wodan mit dem Seelenheer vorüberzogen. Dann lauschte sie den Geisterstimmen im Wind.

Es gibt zahlreiche überlieferte Orakel und Zauber, die in den Zwölften, den Rauhnächten, getätigt werden. Ebenso zahlreich sind die Abwehrmaßnahmen gegen schädigende Geister und Hexen. Dazu gehört unter anderem das Räuchern mit Wacholder, dem heiligen Strauch der Göttin Holle. Daher kommt auch der Name Rauch- oder Rauhnächte.

Moore und Sümpfe gelten als Zugang zum Reich der Erdmutter und besitzen eine besonders starke Erdkraft. Im Moor gedeihen Erlen gut. Sie galten als verrufene Bäume, als Aufenthaltsort von Geistern. "Gefallenen" Mädchen steckte man einen Erlenzweig ins Haar. Die Erle galt als Hexenbaum, daher auch der Begriff "Erlenhexe". Dieser Baum besitzt tatsächlich magische Kräfte und kann bei ungefestigten Menschen die Sinne verwirren. Wer zu lange in einem Erlenbruch verweilt, wird merkwürdige Erscheinungen wahrnehmen. Es ist nicht verwunderlich, wenn ängstliche Menschen diesen Baum meiden. Auch er ist natürlich der Erdmutter geweiht. Heute tragen viele Moore solche Namen wie "Teufelsfenn" oder "Höllenpfuhl". Seit der Missionierungszeit hat man die heiligen Stätten der Erdmutter, und damit auch die Moore, verteufelt, so wie man auch alles Irdische verteufelte. Man glaubte, die Erde sei ein Jammertal und hoffte auf ein fernes, besseres Jenseits. Doch diese Vorstellung führte zur Ausbeutung und Schändung der Erde.

Die Hexen aber wissen, daß ihnen die Erdmutter Gesundheit, Kraft und Glück schenkt und verehren sie und die anderen Götter nach überliefertem Brauche. Anstatt auf ein besseres Jenseits zu hoffen, versucht der naturreligiöse Mensch, im Einklang mit der Natur zu leben und schon auf Erden glücklich und erfüllt zu sein. Mutter Erde gibt ihm das, was er dazu benötigt.

Die "Garbenmadonna". Holzschnitt um 1450. Aus der kornspendenden Göttin der Erde wurde in christlicher Zeit die Maria im Kornährenkleid.

6. Einweihungen und Hexenbünde

Daß es in heidnischer Zeit Hexenbünde gab, ist durch eine keltische Quelle belegt. In einem Frauengrab bei Larzac in Frankreich wurde ein Bleitäfelchen aus der Eisenzeit entdeckt, auf dem in gallischer Sprache von zwei feindlichen Hexengruppen berichtet wurde. Die eine Gruppe versuchte einen Schadzauber gegen die andere, welcher jedoch magisch abgewehrt und zurückgesandt wurde. Hierbei ist von mehreren weisen Frauen die Rede; anscheinend handelte es sich um reine Frauengruppen. In christlicher Zeit mußte eine Frau, die in den Hexenbund aufgenommen werden wollte, der heidnischen Gottheit (dem "Teufel") einen Treueeid schwören. Zuvor aber mußte sie dem Christengott entsagt haben. Dazu umfaßte sie einen geschälten weißen Stock und berührte mit diesem eine Kröte (Symbol der Erdmutter). Sprüche dazu lauten:

»Ich fasse an diesen weißen Stock
und verlasse Marias Sohn und Gott!«

»Hier trete ich in dein Nest
und verlasse Herrn Jesum Christ!«

»Hier stehe ich auf diesem Mist
und verleugne Herrn Jesu Christ!«

Nach dem Schwur wird der Stock ins Wasser geworfen. Da der Stock als weiß geschildert wird, bestand er womöglich aus Birkenholz. Nach anderer Überlieferung machte eine Hexe eine andere Frau zu ihrer Nachfolgerin, indem sie ihr sagte, die Frau solle an den Stock greifen und dem Christengott abschwören. Interessanterweise weihten auch die keltischen Druiden ihre Schüler mit Birkenruten.

Nach dem Abschwur des Christenglaubens wird die Anwärterin mit Osterwasser getauft und erhält dabei einen Hexennamen. Im *Hexenhammer* (1487) wird gefragt: »Ob er (der Teufel) sie (die Hexe) anders getauft habe« und »Was der Teufel über sie abgegossen und woher er es genommen«. Nach der Taufe übergibt sie der obersten Hexe einen Pfand, z. B. etwas von ihrer Kleidung, um sich so fester an die Kultgemeinschaft zu binden. Durch den Pfand erlangt die Hexenpriesterin auch eine gewisse Macht über den Neuling. Nun wird im magischen Kreis ein Treueeid auf die heidnischen Götter abgelegt. Dann trägt man den neuen Hexennamen in ein besonderes Buch ein und weiht die frischgebackene Hexe den Göttern oder auch einer bestimmten Gottheit. Nun segnet die oberste Hexe die Neue und empfängt von ihr den Huldigungskuß. In der Regel wird der Treueeid mit Blut bekräftigt, was in heidnischer Zeit ein weitverbreiteter Brauch war. Wies eine der Hexerei verdächtige Person einen Schnitt oder eine Einstichstelle am Körper auf, so wurde diese von den Inquisitoren als "Hexenmal" bezeichnet, als Beweis für die Einweihung der Person in den Hexenbund.

Nach einer pommerschen Erzählung kaufte sich eine Frau, die Hexe werden wollte, einen neuen Topf, stellte diesen vor sich auf den Tisch und sprach:

»Ich glaub an den Pott und schiet in Gott.«

Das mag eine ziemlich herbe Form des Abschwurs sein, doch war dies mitunter nötig, um sicher zu sein, daß man sich tatsächlich innerlich völlig vom Christentum gelöst hatte und dem Heidenglauben anhing. Als die Leute in der Missionierungszeit den heidnischen Göttern abschwören mußten, hatten sie die Gottheiten als "Unholde" zu bezeichnen, waren also auch nicht gerade zimperlich.

Die Hexen waren verpflichtet, mindestens die Feste Ostern, Maifest, Mittsommer und Weihnachten auf den Kultplätzen zu feiern. Taten sie dieses nicht, so wurden sie aus der Hexenzunft ausgestoßen. Die Lehrzeit einer Hexe betrug in der Regel 21 Jahre, danach erhielt sie die sogenannte Vollmacht und mußte selbst andere Hexen anlernen. Das Zauberhandwerk wurde mündlich oder durch Zauberbücher überliefert. Es existierten auch richtige Hexenfamilien, wo die Mutter ihre älteste Tochter, die natürlich ungetauft war, magisch ausbildete.

Bei den Zigeunern gibt es den Glauben, daß eine Frau, die nachts sexuellen Verkehr mit einem Geistwesen hat, dadurch Zauberkräfte erhält. Eine solche Frau wird hochgeehrt. Ähnlich glaubte man auch bei uns in den vergangenen Jahrhunderten, daß die Hexen nachts von einem Geist, dem Incubus, besucht wurden, der ihnen beiwohnte. Von ihm erhielten die Frauen ihre magischen Fähigkeiten. In den Hexenprozeßakten wird den Hexen immer wieder der fleischliche Verkehr mit nächtlichen Dämonen vorgeworfen, die sich in gutaussehende Männer verwandeln konnten. Auch gingen zuweilen Kinder aus diesen Verbindungen hervor. In den alten heidnischen Sagen tauchen immer wieder berühmte oder zauberkundige Leute auf, wo der Elternteil ein Mensch, der andere aber ein Geistwesen (z. B. eine Meerfrau) oder gar eine Gottheit war. Die Berichte über den Incubus entsprangen also nicht nur der Phantasie, sondern waren Relikte des heidnischen Geisterglaubens und konnten auf tatsächlichen Erlebnissen mit Geistwesen basieren. Andrerseits bedeutet das Wort Incubus übersetzt Alpdruck, so daß die Schilderung eines derartigen Geisterkontaktes in einigen Aussagen der Frauen bei den Hexenprozessen auch auf erotische Träume zurückgehen könnte, die von den Inquisitoren entsprechend negativ bewertet wurden. Einen weiblichen Geist, der einen Mann nachts besucht, nennt man Succubus.

In der langjährigen Lehrzeit als Hexe gab es verschiedene Prüfungen und Aufgaben. Beispielsweise mußte man sechs Wochen lang täglich ein bestimmtes Hexengebet sprechen und danach mit einer völlig schwarzen Henne im Arm dreimal gegen den Sonnenlauf um eine Kirche gehen. Auch gehörte der Umgang mit der Hexensalbe mit zur Ausbildung. Die Schülerinnen hatten aus den Zauberbüchern ihrer Lehrmeisterinnen abzuschreiben. Starb eine Hexe, so wurden ihre Bücher mit ihr zusammen verbrannt oder beerdigt. Wer die Hand einer sterbende Hexe berührte, der wurde zu ihrem Nachfolger, sagt die Volksüberlieferung. In den Hexenzünften gab es immer leitende Oberhäupter; in den neueren volkskundlichen Überlieferungen werden sie meist "Hexenkönigin" oder "Hexenhauptmann" genannt. Es gab Gruppen, die aus Frauen und Männern bestanden, aber auch reine Frauengruppen, wie wir bereits erfahren haben. Die Jahresfeste feierten jedoch beide Geschlechter gemeinsam.

Eine Hexe mit ihrem Incubus; Holzschnitt aus dem Jahre 1490

Das Kennen der Götter- und Geisterwelt und deren kultische Verehrung sind wichtige Bestandteile des Hexentums.

Eine gute Möglichkeit, Gleichgesinnte kennenzulernen und magisches Wissen auszutauschen, boten die Spinn- oder Rockenstuben. Das waren Plätze, wo sich die Frauen und Mädchen zum gemeinsamen Spinnen versammelten. Der Spinnrocken ist ein wichtiges Attribut der Göttermutter Holle oder Fricke. Im Norden heißt das Sternbild des Orion "Friggs Rocken". Zu den Spinnstuben hatten die Männer nur am Abend manchmal Zutritt; es fanden dann gemeinsame Tanzabende mit den Frauen statt. Wenn im Herbst die Ernte eingebracht war, begann die Zeit der Spinnstuben. Sobald die Herbstzeitlose, die "Spinnblume", blühte, ging es los. Diese Pflanze gilt als ausgesprochene Hexenblume, wohl auch deswegen, weil sie giftig ist. Es heißt, die Hexen würden im Mai die Blattspitzen abschneiden und sie als Salat essen. Je früher die Herbstzeitlose blüht, desto kälter wird der Winter. Damit die Frauen beim Spinnen keine wunden Hände bekamen, zerrieben sie die erste im Herbst gefundene Pflanze zwischen den Händen. Um beim Spinnen nicht müde zu werden, bestrichen sie ihre Augenlider mit dem Saft der zum erstenmal gesehenen Herbstzeitlose. Bei Sonnenuntergang kamen die Frauen und Mädchen zusammen und spannen bis Mitternacht. Die Spinnstubenzeit dauerte bis Fasnacht, manchmal auch bis Ostern, dann mußten die Rocken abgesponnen sein. Faule Spinnerinnen wurden von der Göttin getadelt. An bestimmten Festtagen wurde nicht gesponnen; hingegen galt in den Zwölften gesponnener Flachs als zauberkräftig. Aber auch sonst wurde allerlei "Zaubergarn" gesponnen. Aus dem alten magischen Wissen der weisen Frauen entwickelte sich die sogenannte Rockenphilosophie. Später wurde sie sogar in Büchern veröffentlicht. Hier ein paar Beispiele aus der *Chemnitzer Rockenphilosophie*:

Will die Mutter wissen, ob ihr Kind beschrien (verzaubert) ist, so lecke sie an seiner Stirn: Ist es beschrien, so schmeckt die Stirn gesalzen. Gegen das Beschreien räuchere man Kehricht aus den vier Winkeln, mit Abschabsel von den vier Tischecken, mit neunerlei Holz. Weihnachten, zwischen elf und zwölf, ist das Wasser Wein (heilkräftig). Nach anderen wird Wasser in der ersten Osternacht um zwölf geschöpft zu Wein. Wer ein Hemd trägt, von Garn gewoben, das ein Mädchen unter sieben Jahren gesponnen, der hat Glück darin. Ein Stocher aus einem Splitter Holz, wo hinein der Donner geschlagen, vertreibt Zahnweh. Wer im Neumond sein Geld zählt, hat nie Mangel daran (hier ist na-

Die Hexe als mächtige Spinnfrau im Einklang mit Natur und Gestirnen; aus Petrarcas »Trostspiegel«, 16. Jh.

türlich der bereits zunehmende Mond gemeint, wenn die erste neue Sichel sichtbar wird, und nicht der Schwarzmond).

Das sind nur wenige Beispiele von Hunderten von Überlieferungen. Ohne die Spinnstuben wäre sicher bereits viel Hexenwissen verlorengegangen. Hier konnten die Frauen ungestört ihr "Zaubergarn" spinnen und sich zu geheimen Hexentreffen verabreden.

7. Hasenfrauen und Katzenhexen

Die Tierverwandlung gehört zu einer wichtigen Fähigkeit der Hexen. Dabei gibt es bestimmte Tierarten, die bei den Hexen als besonders beliebt gelten. Dazu gehören vor allem die Katze und der Hase, beides Tiere der Zauber- und Mondgöttin Frowa. Sie fährt einen Wagen, der von zwei Katern gezogen wird. Unter den Katzen gehören die schwarzen, manchmal auch die roten, zu den typischen Hexentieren. Wenn sich die Hexen in Katzen verwandeln, so haben diese angeblich einen besonders langen dicken Schwanz und besitzen die Fähigkeit, zu reden. Es gibt viele Berichte, worin einer Katze eine Pfote abgehauen wurde und man am nächsten Tag eine Frau findet, der ein Fuß oder eine Hand fehlt. Wirft man seiner Katze vor, sie sei beim Hexentanz gewesen, so geht sie für immer fort oder kratzt einem die Augen aus. Früher wurden viele Katzen als angebliche Hexen auf dem Scheiterhaufen verbrannt. Man glaubte, daß besonders alte Katzen nach ihrem Tod zu Hexen würden und umgekehrt. Alte Hexen nahmen dann meist die Gestalt einer schwarzen Katze an. Wenn eine Katze 7, 9 oder 20 Jahre alt wurde, galt sie als Geist oder Hexe. Vor fremden Katzen hatten die Leute eine ganz besonders große Scheu. Am Tage gelten die Hexenkatzen zwar als ungefährlich, doch nachts entfalten sie geheime Kräfte. Wer zu dieser Zeit eine solche Katze schlecht behandelt, z. B. einen Stein nach ihr wirft, der muß damit rechnen, von den Hexenkatzen umstellt und bestraft zu werden.

Viele Hexen halten sich Katzen als sogenannte Hausgeister (familiares). Man erzählt, Frau Holle fahre um die Weihnachtszeit umher und werfe den jungen Frauen schwarze Katzen durch das Fenster. Diese Katzen dürfen nicht fortge-

Die Hexen verehren eine große Katze, wahrscheinlich eine verzauberte Hexe. Aus: »Hexenmeysterey« von Ulrich Molitor, Konstanz 1544

jagt, sondern müssen aufgenommen werden. Die schwarze Katze gilt in deutschen Sagen als Tier der Frau Holle. In England sagt man, daß die Begegnung mit einer schwarzen Katze Glück bringt. Es ist das Lieblingstier der Hexen und muß gut behandelt werden, sonst rächen sich die Zauberinnen.

Daß Hexen sich in Hasen verwandeln können, war bei den Germanen und Kelten ein weit verbreiteter Glaube. Dazu benutzten die Zauberfrauen entweder einen besonderen Gürtel oder sie rieben sich mit Hasenfett ein. Man bezeichnete die Hexe als Hasenfrau, Hasenmutter, Hasenwärterin oder Hasenamme. Hexenhasen sind angeblich meist dreibeinig, haben einen größeren Kopf oder machen häufig "Männchen". Wie die Hexenkatzen können auch diese Hasen sprechen; sie tanzen im Kreise umher und narren den Jäger. In der märkischen Sage vom Koboldstein verstecken sich sieben Hasen hinter einem großen Stein, doch die Ohren des einen schauen dabei hervor. Das sehen die Jäger und beginnen auf die Hasen zu zielen. Doch diese springen rasch hervor und tanzen in wilden Sprüngen um die Jäger herum, die natürlich keinen von den Hasen treffen. Endlich bemerkt einer der Jäger: »Das sind keine Hasen, sondern Kobolde!«. Hier waren es also in Wirklichkeit Geister, welche sich in Hasen verwandelt hatten. In einer anderen Sage verwandelt sich eine Hexe in einen Hasen und stielt so die Feldfrüchte. Ein Jäger sieht dieses und verwundet den Hasen am Kopf. Die Frau ist seitdem auf einem Auge blind.

Einmal trifft wieder ein Jäger auf einen Hasen und legt auf ihn an, da verwandelt sich dieser plötzlich in eine Frau mit einem roten Rock. Derartige Sagen finden wir in ganz Deutschland. Die Hexen können in Hasengestalt Nebel oder Regen erzeugen. Darum sagt man bei solchem Wetter: Die Hasen brauen, die Hasen rauchen, die Hasen backen Brot oder das Häschen badet. Man glaubt auch, daß Hexen sich in Hasen verwandeln würden, um fremden Kühen die Milch zu stehlen. Ein Hase kann ja unbemerkt zwischen den Kühen auf der Weide herumlaufen. In Schweden nennt man solche Hasen "mjölkharar" (Milchhasen). Die Hexe schlüpft in Gestalt eines dreibeinigen "Butterhasen" in die Ställe, um den Kühen die Milch zu stehlen. Oder die Hexen schnitzen in der stillen Woche (Woche vor Ostern) Hasen aus gebrannten Baumstümpfen; diese Hasen werden von den Hexen gemolken oder sie bringen ihrer Herrin die Milch fremder Kühe. Vor allem in der Walpurgisnacht und zu Mittsommer fürchtet man die Milchhasen. Im 15. Jh. schlugen die irischen Bäuerinnen am 1. Mai alle Hasen in der Umgebung tot, weil sie die Tiere für milchraubende Zauberweiber hielten. Hexen hinterlassen beim Gehen Spuren von Hasenpfoten. Bei den Hexenprozessen wurde behauptet, der Teufel drücke ein Mal in Form einer Hasenpfote den Hexen in die Haut ein; daran könne man sie erkennen. Läuft der Hase durch das hohe Getreide, so beißt er sich einen Weg frei, den man "Hexenstiege" nennt. Der Hase gilt als Tier des Mondes und der Erde. Viele Völker erblicken im Mond das Bild eines Hasen. Die Inder haben für die Begriffe Hase und Mondflecken sogar das gleiche Wort. In Deutschland ist der Hase stets Attribut weiblicher Gottheiten, so der Nehallenia, Frau Harke oder Holle. Bei den Briten galt er neben Hahn und Gans als eines der heiligen Tiere. Die Griechen opferten den Hasen der Liebesgöttin Aphrodite. Als ausgesprochen weibliches Tier mit Bezug zu Liebe, Sexualität und Fruchtbarkeit wurde der Hase von der Kirche als dämonisches Tier angesehen. Es war sogar eine zeitlang verboten, Hasenfleisch zu essen, da es als erotisierend galt. Im keltischen Bereich glaubt man, daß die Tiere das Blut von Feen in ihren Adern hätten, so wie ja auch in Deutschland der Hase als Geister- und Hexentier angesehen wird. Er hat einen starken Bezug zur Liebes-, Mond- und Zaubergöttin Frowa, die unter dem Namen Ostara zur Frühlingsgleiche verehrt wurde. Als heiliges Tier der Göttin genoß er hohes Ansehen und hat noch bis heute seine Funktion als Osterhase bewahrt. In schottischen und irischen Sagen erscheint ein riesenhaftes Hexenweib mit Namen Caillech öfters in Hasengestalt. Caillech ist die Göttin der absteigenden Jahreshälfte, die dunkle Seite der großen irischen Muttergöttin. Zeitweise erscheint sie auch als in eine wunderschöne junge Frau verwandelt und zeigt damit ihre Fähigkeit zur Verjüngung, wie auch aus dem Winter immer wieder ein Frühling wird.

Ein anderes beliebtes Hexentier ist die Maus. Die Zauberinnen verwandeln sich gerne in diese Tierchen, um z. B. in Schränke eindringen zu können. In einer Sage fährt die Seele einer jungen Hexe als rotes Mäuschen aus dem Munde. Bei Hexenverbrennungen sah man angeblich lauter Mäuse aus dem Feuer laufen. Das Mäusemachen gilt als wichtige Hexenkunst; dazu nimmt man verschiedene Materialien, wie Urin, Ton, Erde, Lehm, Getreide, Eichen- und Weidenlaub oder Kräuter, tut alles in einen großen Topf und murmelt einen Zauberspruch darüber. Solche Hexenmäuse haben nach dem Volksglauben feurige Augen und gespaltene Ohren, oder es fehlt ihnen der Schwanz, wenn die Hexe noch Anfängerin war. Nach einer Sage aus Tirol wußte eine Hexe die geheimen Namen der Mäuse und konnte sie durch einen Zauberspruch herbeirufen. Eine andere Hexe besaß ein dunkelgelbes, unbiegsames Werkzeug mit vier Beinen. Dieses hielt sie unter ein Tuch, das wie eine Maus geformt war und sprach:

»Lauf hin und komm wieder her zu mir!«

Daraufhin wurde aus dem Tuch eine lebendige Maus. In einer niederländischen Sage warf eine junge Hexe zwei Kügelchen Erde zu Boden, worauf hin das ganze Feld voll von Mäusen war. Hexen, die Mäuse machen konnten, nannte man “Mausschlägerin”. Nach einer Erzählung machte eine alte Hexe für ihre Enkelkinder weiße Mäuse als Spielkameraden. Das bekamen die Nachbarskinder mit und erzählten ihren Eltern von den »artigen Mäuslein«. Daraufhin wurde die Alte festgenommen und als Hexe verbrannt.

Hexen erscheinen gerne in Fuchsgestalt, besonders in Gruppen von mehreren Füchsen. Auf diese Weise narren sie oft die Jäger. Wird eine Hexe von ihren Genossinnen bestraft, so binden sie diese in Fuchsgestalt an einen Baum. In vielen Sagen wird die Füchsin von einem mitleidigem Jäger befreit. Aus Dank wird der Jäger von ihr reich belohnt.

Von den Vögeln gilt die Elster als ausgesprochener Hexenvogel, dessen Gestalt die Zauberin oft annimmt. Man nennt diesen Vogel daher “Schätterhexe” oder “Gagelhexe”. Es heißt, daß die Hexen in der Walpurgisnacht auf Elsterschwänzen zum Fest reiten. Ein alter Name für die Hexe lautet Aekster (Elster). Die Elster symbolisiert die dunkle, schädigende Seite der Erdgöttin

Holle; wie diese erscheint sie halb schwarz, halb weiß. Im Schwedischen heißt dieser Vogel "Skadi" und trägt somit den Namen einer nordischen Bergriesin, die auch bei den Kelten als dunkle Göttin "Sciatach" bekannt ist. Auch andere Vögel tragen Hexennamen, so die Nachtschwalbe (Hexe), die Grasmücke (Grashexe) und die Weihe (Feuerhexe).

Von den Kriechtieren sind Eidechse und Salamander beliebte Hexentiere. Im Flämischen tragen Hexe und Eidechse sogar den gleichen Namen, nämlich "Hakke-tisse". Den Salamander nennt man "Hexenmolch". Die Kröte, ein heiliges Tier der Erdmutter, wird als Hex oder Hexin bezeichnet. Sie besitzt die gleichen roten Augen wie die Zauberweiber, heißt es. Alle Kröten, die man in der Walpurgisnacht trifft, gelten als verzauberte Hexen. Das Krötengift wurde von den Zauberinnen für ihre Flugsalbe verwendet. Eine Kröte fortzujagen oder gar zu töten, das wagte kaum jemand, da man die Rache der Hexen fürchtete. Entweder wurde derjenige krank, oder sein Haus brannte ab.

Bei den Insekten gelten folgende als Hexenerscheinungen: Der Schmetterling (Butterhexe; er stiehlt angeblich den Kühen die Milch), hier besonders der Zitronenfalter (Hexe), der Nachtfalter (Zauberin), der Totenkopf Falter (Nachthexe), die Motte (Hexe, Zauberin), die Libelle (Hexenvogel, Wasserhexe) und der Maikäfer (Hexenkäfer, Zaunweib), der ebenfalls als Milchdieb gilt.

Wie geht eine Tierverwandlung vor sich? Es ist niemals der menschliche Körper, der in ein Tier verwandelt wird, sondern es handelt sich um eine Art Seelenwanderung. Der Geist verläßt den schlafenden Körper und geht in einen Tierleib seiner Wahl über. Der menschliche Geist verschmilzt für kurze Zeit mit einem Tiergeist. Das wäre eine Art der Tierverwandlung. Eine andere Form ist das Tragen von Tiermasken und -häuten. Die Hexe (oder der Schamane) verkleidet sich als Tier, ahmt dessen Verhalten nach und identifiziert sich auf diese Weise mit dem entsprechenden Tier. Oft handelt es sich dabei um das eigene Krafttier. Dieses Krafttier, das ihn von Geburt an begleitet, ist der Schutzgeist des Menschen. Jeder besitzt einen solchen Schutzgeist, doch die Hexen pflegen bewußten Umgang mit ihm. Es ist die Tierart, die dem Charakter der jeweiligen Person am besten entspricht. Manchmal erkennt man die Art des Tieres schon am äußerlichen Erscheinungsbild des Menschen. Wie bereits erwähnt, nennt man den Schutzgeist in Nordeuropa "Fylgia". Es heißt, dieser könne sowohl in menschlicher wie auch in tierischer Gestalt erscheinen. In den Sagas ist von Wölfen und Bären die Rede, die als Fylgien mutiger Krieger auftreten. Bei den Krafttieren handelt es sich um die Tiere, die aus der gleichen Landschaft stammen wie der jeweilige Mensch. Es ist also eher unwahrscheinlich, daß z. B. ein Europäer ein Känguruh als Schutzgeist hat. Manche Menschen besitzen nur ein Krafttier, doch gibt es auch Leute mit zwei Krafttieren, die recht verschieden sein können, beispielsweise Bär und Adler.

Die Hexen benutzen ihr Krafttier als Begleiter und Reittier bei Geistreisen. Sie können es auch aussenden, damit es ihnen etwas herbeiholt oder auskundschaftet. Bei Zusammenkünften der Hexen werden manchmal Krafttiertänze aufgeführt. Einige dieser Tänze haben sich bis heute erhalten und sind ins Brauchtum übergegangen, wie z. B. der "Bärentanz" oder der "Hasentanz". Auch das Tragen von Tiermasken ist noch in manchen ländlichen Gegenden Brauch, besonders zu den Jahresfesten. Da gibt es Gestalten wie den "Erbsenbär", den "Wasservogel" oder die "Habergeiß".

Die Schamanen tragen an ihren rituellen Gewändern kleine Metallfigürchen in Tiergestalt. Diese Tierchen dienen als Schutz- und Hilfsgeister auf den Reisen in die Unterwelt. Neben dem Krafttier gibt es nämlich noch verschiedene andere helfende Tiergeister. Hexen haben in ihrem Umfeld oft eine große Zahl an Tieren, in geistiger wie auch in leiblicher Form. In der *Þiðriks saga af Bern* heißt es über die Zauberin (Vǫlva) Ostacia: »Ostacia verstand so viel von Zauberei und Trollkunst, daß sie viele Tiere um sich zauberte: Löwen, Bären und große Flugdrachen. Sie zähmte sie alle, bis sie ihr gehorchten und sie ihnen den Weg gegen ihre Feinde zeigen konnte«.

Wie wir hier sehen, können sogar Fabeltiere wie Drachen als Hilfsgeister erscheinen. Es ist daher nicht verwunderlich, wenn auf alten Darstellungen von Hexen immer wieder sonderbare tierartige Dämonen auftauchen. In der Astralebene gibt es mehr Wesensformen, als wir uns vorstellen können.

Es gibt noch eine Art der Tierverwandlung, bei der lediglich eine Täuschung der Augen vorliegt. In den Sagas erscheinen die Hexen in Gestalt von Pferden, Seehunden oder anderen Tieren. Bei genauem Hinsehen erkennt man jedoch Menschen mit Tierköpfen, ein Zeichen der Zauberei. Es ist nur Trug, nur Blendwerk. So z. B. bei Saxo Grammaticus im fünften Buch der *Gesta Danorum* (um 1200): »Die Frau blendete ihre Feinde durch einen Zauber und verwandelte sich in die Gestalt einer Stute. Als aber Frotho herankam, nahm sie die Gestalt einer Seekuh an und schien auf dem Strande umherlaufend ihr Futter zu suchen; auch ihre Söhne verwandelte sie in kleine Kälber. Der König staunte ob dieser sonderbaren Erscheinung und hieß sie umgehen und ihnen den

Die Hexen mit ihren Hilfsgeistern. Aus: »The Discovery of Witches«, 1647

Rückweg zu den Wogen abschneiden. Darauf verließ er den Wagen, dessen er sich wegen der Schwäche seines bejahrten Körpers bediente und setzte sich voller Verwunderung auf den Erdboden. Da fiel aber die Mutter, welche die Gestalt des großen Tieres angenommen hatte, den König mit vorgestrecktem Horne an und durchbohrte ihm eine Seite. An dieser Wunde starb er und fand somit ein seiner Hoheit unwürdiges Ende. Seinen Tod eilten seine Mannen nicht ungerächt zu lassen, zielten mit ihren Speeren auf die sonderbaren Erscheinungen und durchbohrten sie. Nachdem sie totgestochen waren, sahen sie, daß es Menschenleiber mit Tierköpfen waren. Das verriet hauptsächlich die Zauberei«.

8. Galsterweiber

Hexen besitzen die Macht, durch Gesänge oder Sprüche Zauber zu wirken. Diese Technik nennt man Begellen oder Begalstern, was den bekannten Begriffen Beschwören, Beschreien oder Berufen entspricht. Das Wort Galster, althochdeutsch kalstar, altnordisch galdr, angelsächsisch galdor, existiert noch heute in der Form gellen, z. B beim Ausdruck "gellendes Geschrei", und meint besonders durchdringendes Geschrei. Auch im Namen Nachtigall lebt es weiter. Das älteste deutsche Wort für Galsterweib ist kalstarara; im Altnordischen hieß sie galdrakona. Den bösen Wortzauber nennt man Meingalster, wozu das Verfluchen gehört. Der gute, heilende Wortzauber wird Segen genannt, und dementsprechend heißt die Heilerin auch Segnerin oder Betnerin.

Aus der Antike kennt man viele Beispiele für Zauberinnen, die mit Hilfe des Galsters Naturgewalten lenken oder Tote erwecken. So spricht eine Zauberin bei dem römischen Dichter Ovid (43 v. Ztw. - 17 n. Ztw.):

»Leistet ihr Hilfe, so geh'n, wenn ich will,
Flüsse zurück zum Quell',
so empört sich die stehende Meerflut,
und die Empörte steht durch Verzauberung;
Wolken vertreib' ich,
Wolken auch führ' ich heran,
verjag' und rufe die Winde,
reiße durch Zaubergesang und Kräuter den Vipern den Schlund auf,

und den lebendigen Fels und die Eich',
entrüttelt dem Erdreich, führ' ich hinweg samt Wald,
und Berghöh'n laß' ich erbeben
und aufdröhnen den Grund
und Geister aus Gräbern hervorgeh'n.
Mond, dich zieh' ich herab...«

Der Dichter Tibull (50 - 19 v. Ztw.) sagt von einer Zauberin:

»Diese sah ich selber Gestirn vom Himmel herabzieh'n;
raffendem Blitz auch hemmt diese den Flug mit Gesang.
Diese zerreißt durch Sprüche den Grund;
ja Seelen aus Gräbern lockt sie hervor
und entruft laulichem Brande Gebein.
Jetzt bannt sie des Orkus Gewühl
mit magischem Mißlaut...«

Vergil (70 - 19 v. Ztw.) sagt im *Damon* von der Zauberin Circe:

»Selber den Mond vom Himmel
vermag zu locken Beschwörung:
Circe verwandelte so
mit Beschwörung Ulysses Gefährten,
berstet durch Zaubergesang
ja die frostige Schlang' in den Wiesen.«

In heidnischer Zeit und im Mittelalter wiesen die Zaubersprüche in der Regel den Stabreim auf, wie wir es noch in vielen althochdeutschen, altnordischen und angelsächsischen Beschwörungen finden. Mit der Zeit setzte sich jedoch immer mehr der Endreim durch; solche Sprüche gibt es noch heute reichlich im Volksglauben. Viele von ihnen sind stark christlich beeinflußt, andere hingegen blieben unverändert und lassen ihren heidnischen Ursprung erkennen. Meist handelt es sich dabei um Krankheitssegen, wie z. B. der folgende alte Spruch gegen Brandwunden, Entzündungen und Fieber:

Drei Frauen kamen gegangen von Ost,
Eine brachte Feuer, zwei brachten Frost.
Heraus mit dem Feuer, herein mit dem Frost!

Die hier erwähnten drei Frauen kommen sehr oft in Heilsegen vor; sie gehen auf die drei Schicksalsfrauen, die Nornen, zurück. Im Christentum wurden daraus drei Marien oder drei Salomen. Die Nornen bestimmen das Schicksal und somit die Gesundheit der Menschen, weswegen gerade sie in Heilsprüchen eine herausragende Rolle spielen. Aber auch die Götter kommen in den Segen vor und wurden später durch die christlichen Heiligen ersetzt. Am bekanntesten sind die beiden Merseburger Zaubersprüche aus einer Handschrift des 10. Jahrhunderts. Sie sind noch durch und durch heidnisch, ohne christliche Umformungen oder Zusätze. Im zweiten Spruch heilt der Gott Wodan das Pferd seines Sohnes Balder oder Phol und wird dabei von den Göttinnen Fria und Sinthgunt unterstützt. In einem alten Fallsuchtsegen finden wir den Gott Donar erwähnt. Leider sind sehr viele solcher Sprüche verlorengegangen oder wurden einfach christlich abgeändert. Manchmal beinhaltet ein alter Spruch sowohl heidnische wie auch christliche Elemente, d. h. es werden gleichzeitig Götter und Heilige angerufen, wie es für die Missionierungszeit typisch ist.

Manchmal genügt alleine der Spruch, um einen Zauber zu wirken, doch teilweise müssen auch bestimmte Handlungen ausgeführt werden, damit es funktioniert. So muß man beim altenglischen Neunkräutersegen die im Spruch aufgeführten Kräuter zu einer Salbe verarbeiten und diese zur Heilung verwenden. Beim Sammeln von magischen oder heilenden Pflanzen ist es üblich, bestimmte Worte zu sprechen. Auf dem Trierer Konzil von 1310 wurde dieses unter Strafe gestellt; nur das christliche Vaterunser war noch erlaubt. Der Neunkräutersegen wurde jedoch glücklicherweise bis heute bewahrt, ebenso zahlreiche andere Sprüche. Ein alter deutscher Spruch des 13. Jahrhunderts beginnt mit den Worten:

»Ich gebiute dir, edeliu wurz Verbena,
daz du neheine tugende in dirre erde verlazest...«.

Viele Sprüche wurden auch christianisiert, wie z. B. dieser:

*»Christus fuohr auss gehn ackher …
und bouwet, der edlen singgrien (Sinngrün, Immergrün)
wuchs auff unser lieben frawen both …«.*

Die Beschwörungen sollten verhindern, daß die Pflanze beim Pflücken oder Ausgraben ihre besondere Kraft verliere. Oft wurde während des Besprechens das Kraut noch zusätzlich dreimal umkreist.

Sehr bekannt ist das Besprechen von Warzen. Bei vielen Warzensegen muß man beim Totengeläut seine Warzen symbolisch abstreifen. Es gibt hier zahlreiche Beispiele. Die Mondphase ist von wichtiger Bedeutung, wenn Warzen besprochen werden sollen; so sagt man z. B. bei zunehmendem Mond:

*Was ich anseh', das vermier sich,
was ich abstreif', das verlier' sich!*

Die Hexe kennt die Zaubersprüche und die dazu notwendigen Handlungen entweder auswendig oder sie schreibt sie in ihrem Hexenbuch nieder. Manche Leute besitzen noch in der heutigen Zeit jahrhundertealte Bücher, in denen ein weiser Mensch aus irgendeinem Dorf die dort bekannten Zaubersegen gesammelt hat.

Im Norden gab es in heidnischer Zeit eine große Anzahl von galdrakonar. In der älteren *Edda* gibt es das Lied *Grogaldr* (Groas Zaubergesang), in dem die tote Mutter Groa vom Sohn an ihrem Grabhügel wiedererweckt wird. Da der Sohn eine weite Reise vor sich hat, singt sie für ihn neun Zauberlieder, die ihn vor Unheil schützen sollen. Die Lieder bewahren den Sohn vor dem Ertrinken, vor Überfällen, vor dem Erfrieren, vor dem Verirren, vor Gefangenschaft und verleihen ihm Klugheit. Eines davon möchte ich als Beispiel anführen:

*Dies sing ich zum fünften, so Fesseln sich dir
Um die Gelenke legen,
Lösende Glut gießt dir mein Lied um die Glieder,
Der Haft springt von der Hand,
Von den Füßen die Fessel.*

Solche Zauberlieder waren damals sehr verbreitet. Sie wurden von den Göttern den weisen Frauen und Männern offenbart und so immer weitergegeben.

Der Gott Wodan (Oðinn) kennt 18 verschiedene Runenzauberlieder, nachzulesen im *Hávamál* der älteren *Edda.*

In der *Eiriks saga rauða* wird von der Zauberin Thorbiörg berichtet, die durch Gesang Geister herbeiholen ließ. Sie setzte sich auf ihren Zauberstuhl und ließ einen Kreis von Frauen um sie herum bilden. Eine von ihnen sang ein Geisterlied, ein varðlokkur. Die Geister erschienen und offenbarten der Zauberin die Zukunft.

Das Beschwören der Geister zählt zu den wichtigen Hexenkünsten. Da dies oft mit Gefahren verbunden ist, schützen sich viele Zauberkundige durch einen magischen Kreis, der mit allerlei geheimnisvollen Zeichen versehen ist. In alter Zeit setzte sich die Hexe an einen Kreuzweg oder auf das Dach auf eine Kuhhaut und bewaffnete sich mit einer Axt oder einem Schwert und beschwor die Geister mit mächtigen Zauberworten. Dies geschah meist in den Mitternachtsstunde, also in der Zeit zwischen elf und ein Uhr.

Von den Kelten ist uns überliefert, daß ein Zauberspruch besonders wirksam ist, wenn er durch besondere Körperhaltungen unterstrichen wird, z. B. durch das Stehen auf nur einem Bein. Oder der Galster mußte in einem Atemzug gesungen werden. Dadurch wird den Beschwörungen Nachdruck verliehen. Das Besprechen der eigenen Handflächen ist uns aus dem 10. Jh. überliefert. Nach diesem Besprechen legte der Zauberer seine Handflächen an die Wangen, fiel dann in einen drei- oder neuntägigen Schlaf und erfuhr so viele verborgene Dinge.

In dem finnischen Nationalepos *Kalewala* sind Beschwörungen in reichem Maße vorhanden. Der junge schöne Lemminkäinen hat große Kenntnis von Zauberliedern und wendet diese erfolgreich an. Von ihm heißt es in *Kalewala*, Rune XII:

Selbst der muntre Lemminkäinen,
er, der schöne Kaukomieli
fing nun selbst an zu beschwören,
stimmte an die Zauberlieder,
Feuer sprüht der Saum des Pelzes,
Flammen glänzten in den Augen
bei dem Sange Lemminkäinens.
Sang die allerbesten Sänger

zu den allerschlechtsten Sängern,
stopft den Mund ganz voll mit Steinen,
stapelt Felsen auf die Fläche
diesen allerbesten Sängern,
den geschicktesten der Zaubrer ...

Bei den Finnen hielt sich die Zauberei ziemlich lange. Es gab viele finnische Zauberinnen noch lange nach der Christianisierung Skandinaviens. Diese Frauen wurden immer wieder aufgesucht und um magische Hilfe gebeten, zum Nutzen oder auch zum Schaden. Sie kannten noch die alten Zaubersprüche und Beschwörungen, die im übrigen Norden schon vergessen waren.

Eine üble Form des Spruchzaubers ist der Meingalster, der zum Schaden einer anderen Person angewendet wird, wozu auch der Fluch gehört. Gefürchtet ist das Vermeinen oder Beschreien durch eine Hexe. Die Druiden konnten ein Stroh- oder Grasbündelchen (dlui fulla, Flatterwisch) besprechen und warfen dieses dem Gegner ins Gesicht, worauf dieser wahnsinnig wurde oder tot zu Boden fiel. Es gab aber auch immer Sprüche, durch die ein Meingalster unschädlich gemacht und das Unheil abgewendet werden konnte. Ein sehr verbreiteter Zauberspruch zur Abwehr ist dieser:

Hat dich verrufen ein Mann,
so gehe es ihn selber an!
Hat dich verrufen ein Weib,
So fahre es ihr selber an den Leib!
Hat dich verrufen ein Knecht,
so gehe es ihm selber schlecht!
Hat dich verrufen ein Magd oder Dirn,
so fahr' es ihr selber an die Nier'n!

Es gibt eine Menge Schutzmittel gegen das Verrufen oder Beschreien, z. B. bestimmte Kräuter, wie das Berufskraut, Frauenflachs, Christopheruskraut oder Wermut, verschiedene Amulette, Stahl, Kehricht aus vier Ecken oder einfach das dreimalige Ausspucken.

Hexen können nicht nur durch böse Worte jemandem schaden, sondern auch durch Lob und Schmeichelei. Sie loben das blühende Aussehen einer Person,

Eine Hexe spricht über zwei Männer einen Galster, während in der Ferne eine andere Regen herbeizaubert; Illustration zu den Werken Ciceros, 1531.

und kurz darauf wird diese krank und siecht dahin. Dagegen hilft wiederum das Ausspucken oder die Worte "unbeschrien, unberufen".

Hexen verstehen sich in der Kunst, Unwetter zu beschwören, um so bestimmten Leuten zu schaden. In der *Laxdœla saga* (13. Jh.) ruft eine ganze Hexenfamilie einen Sturm herbei:

»Kotkel hieß ein Mann, der vor kurzem nach Island ausgewandert war. Grima hieß seine Frau. Ihre Söhne waren Hallbjörn Schleifsteinauge und Stigandi. Diese Leute stammten von den Hebriden. Alle waren sie in geheimen Künsten bewandert und die größten Zauberer ... Darauf ließ Kotkel ein großes Zaubergerüst aufrichten. Sie stiegen alle zusammen hinauf. Da ließen sie erklingen grimmig gefügte Weisen: Das waren Zaubersprüche. Sofort brach ein starkes Unwetter los. Das verspürte Thord, der Sohn des Ingunn und seine Gefährten, die auf der See fuhren, wie gegen sie das Wetter aufgeboten war ... Da erhob sich nahe dem Lande eine Brandung über einer blinden Klippe, von der kein Mensch sich erinnerte, sie je früher bemerkt zu haben; die Brecher trafen das Schiff mit solcher Gewalt, daß gleich der Kiel nach oben schlug. Da ertrank Thord«.

Die zauberkundigen Frauen und Männer können durch Gesänge Hagel herbeirufen, der die Ernte vernichtet. Der schädigende Wetterzauber war in den Hexenprozessen ein sehr häufiger Vorwurf an die der Zauberei Verdächtigen. Man sprach regelrecht von "Wetterhexen".

In der *Grettis saga* finden wir ein weiteres Beispiel für eine Schadzauberin, die einen Meingalster anwendet. Sie unterstützt ihn durch das Ritzen besonderer Runen:

»Als sie an den Strand kam, hinkte sie das Meer entlang, wie wenn es ihr gewiesen wäre, bis dahin, wo ein Baum mitsamt der Wurzel vor ihr lag, ungefähr so groß, daß ihn ein Mann auf seiner Schulter forttragen konnte. Sie blickte prüfend den Klotz an und ließ ihn auf die andere Seite wenden. Da sah er wie angekohlt und gerieben aus. Sie ließ auf der abgescheuerten Seite eine kleine Fläche glatt schnitzen. Danach zog sie ihr Messer aus der Tasche, ritzte Runen auf die Baumwurzel, bestrich die eingeschnittenen Runen mit ihrem Blute und murmelte einige Zauberworte. Dann hinkte sie rückwärts um den Klotz und zwar in der entgegengesetzten Richtung zum Sonnenlaufe und sprach viele zauberkräftige Worte über den Klotz. Darauf ließ sie die Wurzel in das Meer hinaus schleudern und gebot ihr, nach Drangey zu treiben und Grettir zum größten Schaden zu werden.«

Durch diesen Schadenszauber erreicht die Zauberin, daß Grettir verwundet wird und schließlich stirbt. Wie es bezeichnend für einen Schadzauber ist, wandert hier die Hexe während des Besprechens gegen den Sonnenlauf. Bei den Kelten nennt man dieses Umschreiten "tuathbel". Die Anzahl der Umwandlungen ist genau festgelegt.

Überlieferte Flüche gibt es nur wenige, Heilsegen dagegen in großer Anzahl. Die Betnerin spricht ihren Segen drei- oder neunmal zu bestimmten Zeiten.

Dabei darf niemand dazwischenreden, sonst wird der Segen unwirksam. Auch darf sich der Besprochene bei der Heilerin nicht bedanken, sie hat kein Geld zu verlangen. Spenden darf sie annehmen. Der Patient muß der Betnerin fest ins Auge schauen, während sie ihren Spruch leise murmelt. Er darf mit niemandem über diese Heilung reden, sondern muß Stillschweigen bewahren. Oft hält die Betnerin während des Segnens ihre rechte Hand über den erkrankten Körperteil. Auf dem Weg zum Patienten und auch auf dem Heimweg darf sie nicht sprechen. Die Fähigkeit, Krankheiten zu besprechen, wird meist vererbt. In der Regel ist es so, daß eine Frau die Fähigkeit an einen Mann weitergibt und umgekehrt. Man sagt, daß das siebente Kind aus einer Familie die Fähigkeit des Besprechens besitzt.

9. Die Sudzauberinnen

Die Sudfrauen (nord. seiðkona) verstanden sich ursprünglich auf das Kochen und Sieden von Kräutern, Salben oder Zaubertränken. Später wurde aus dem nord. Wort seiðr ein allgemeiner Begriff für Zauberei. Nach nordischer Mythologie (Ynglinga saga) war es die Göttin Freyja, welche diese Form der Zauberkunst, den seiðr, den anderen Göttern mitteilte. Später brachte man die Zauberkunst den Tempelpriesterinnen bei. Durch die Jahrtausende wurde dieses Wissen an wenige Eingeweihte mündlich weitergegeben.

Um diese Kunst ausüben zu können, setzte sich die seiðkona auf einen hohen Zauberstuhl mit vier Stützen, der im Norden seiðhiallr heißt. In heidnischer Zeit zogen weise Frauen durch die Lande, wurden von den Menschen bewirtet und um Weissagung durch den seiðr gebeten. Die Frauen erhielten besondere Speise, z. B. Tierherzen mit Ziegenmilch, um die Zauberkraft zu stärken. In späterer Zeit wurden daher die Hexen oft als "Herzesserinnen" bezeichnet. Am nächsten Abend begab sich die Seherin auf den extra für sie hergerichteten Zauberstuhl. Auf diesem lag ein mit Hühnerfedern gefülltes Kissen, denn Hühner gelten als zukunftskundige Tiere. In der *Eiriks saga rauða* heißt es, daß einige Frauen um die sitzende Zauberin Thorbiǫrg litilvǫlva einen magischen Kreis bildeten, während eine der Frauen ein besonderes Lied sang, um die Geister herbeizurufen. Diesen Gesang nennt man "Seelenlocker" (nord. varðlokkur). Nun konnten die Leute des Dorfes an die Seherin herantreten und diese über die Zukunft befragen. Auch die *Vatnsdœla* saga berichtet von einer Hexe, die einen seiðr durchführt: »Ingjald und die Seinen rüsteten einen seiðr

Sudzauberinnen brauen Regenwetter im Hexenkessel. Titelblatt von Ulrich Molitors »Von den Unholden und Hexen«, Köln 1489.

nach der Sitte der Vorzeit, daß die Leute nach ihrem Geschicke forschen konnten. Da war ein zauberkundiges Finnenweib gekommen ... Der Finnin war ein hoher Sitz bereitet, und der war feierlich geschmückt. Dorthin traten die Männer zur Frage und forschten nach ihrem Schicksal. Sie weissagte jedem, wie es sich traf«.

Der seiðr wird stets am Abend oder in der Nacht ausgeführt, da viele Geister an die Dunkelheit gebunden sind und das Sonnenlicht scheuen. Die Hexen können diesen Zauber zum Nutzen wie auch zum Schaden anwenden. Sie vermögen durch den seiðr sich unverwundbar zu machen, zu weissagen, Unwetter zu erregen oder den Menschen Alpdruckgeister (Mare) zu senden. Hierfür finden wir ein Beispiel in der *Heimskringla*, wo eine Zauberin namens Huld einen Mar ausschickt: »Drifa schloß einen Vertrag ab mit der Zauberin (seiðkona) Huld, dahingehend, daß jene Vanlandi nach Finnland zaubern oder andernfalls ihn töten solle. Als aber der seiðr vor sich ging, war Vanlandi gerade in Upsala. Da ergriff ihn Sehnsucht, nach Finnland zu ziehen, aber seine Freunde und Ratgeber hielten ihn davon ab, indem sie sagten, die Zauberei der Finnen wäre der Grund seines Verlangens. Da wurde es sehr schläfrig und legte sich nieder. Als er aber nur ein wenig geschlafen hatte, schrie er auf und sagte daß ihn die Mar träte ... Sie drückte so auf sein Haupt, daß er sterben mußte«.

Oft halten die Hexen nächtliche Treffen ab, um gemeinsam in einem großen Kessel einen Sud zu brauen. Den Kessel lassen sie von einem kräftigen Mann herbeischleppen, dem sogenannten Kesselträger. Früher galt die Bezeichnung "Hexenkesselträger" als regelrechtes Schimpfwort. In *Macbeth* kommen die drei Weirdsisters (Schicksalsschwestern) in einer Höhle zusammen, um in ihrem Kessel zu sieden. Dazu werfen sie bestimmte Teile in den Topf, u. a. Krötenschleim, und sagen einen Zauberspruch auf. Hier ein Auszug:

Um den Kessel dreht euch rund!
Werft das Gift in seinen Schlund!
Kröte, die im kalten Stein
Tag und Nächte, dreimal neun,
zähen Schleim im Schlaf gegoren,
soll zuerst im Kessel schmoren!
Sumpf'ger Schlange Schweif und Kopf
brat und koch im Zaubertopf;

Molchesaug und Unkenzehe,
Hundemaul und Hirn der Krähe,
zäher Saft des Bilsenkrauts,
Eidechsbein und Flaum vom Kauz;
mächt'ger Zauber würzt die Brühe;
Höllenbrei im Kessel glühe!

Im fünften Buch der *Gesta Danorum* von Saxo Grammaticus wird von einer Sudzauberin berichtet: »Als er von der Hütte der Mutter Rauch aufsteigen sah, trat er an die Außenwand, und durch ein kleines Loch, an das er heimlich sein Auge anlegte, sah er in das Gemach hinein und bemerkte, wie seine Mutter in einem unförmigen Topfe gekochten Brei rührte. Außerdem erblickte er noch drei Schlangen oben an einem dünnen Stricke hängen, aus deren Maule Geifer floß und tropfenweise die Feuchtigkeit für die Speise hergab. Zwei waren schwarz, die dritte hatte weiße Schuppen und war ein wenig höher gehängt, als die anderen. Diese hatte einen Knoten im Schwanze, während bei den anderen der Strick, von dem sie gehalten wurden, um den Bauch geschlungen war. Er dachte, daß sähe ja aus wie Hexenwerk und verschwieg, was er gesehen hatte, um nicht seine Mutter der Zauberei zu beschuldigen«.

Mit Hilfe dieser Speise konnte man die Sprache der Tiere verstehen und siegte bei jedem Gefecht.

Als Kochgefäß wird von den Hexen oft ein Dreifuß gebraucht. Auf alten Darstellungen findet man Zauberinnen, die an einem solchen Dreifuß stehen; unter ihm brennt ein Feuer, und die Hexe wirft allerlei sonderbare Teile hinein. Der eiserne Dreifuß war schon in der Antike ein wichtiges Gerät der Seherinnen. Auch der berühmte Astrologe, Arzt und Seher Nostradamus benutzte einen Dreifuß. Oft ist der Hexenkessel jedoch einfach ein bauchiges, beinloses Gefäß. Die Hexen der Steinzeit benutzten einen irdenen, die der Bronzezeit einen metallischen Kessel, der aus Bronzestreifen zusammengesetzt war. Den heidnischen Völkern ist er ein heiliges Gefäß, das Umwandlung und Wiedergeburt symbolisiert. Die keltischen Götter Bran (ihm entspricht der nordische Gott Oðinn), Dagda und Ceridwen besitzen einen solchen Kessel, ebenso die germanischen Gottheiten. Im Christentum lebt dieser Kessel als heiliger Gral weiter. Der Kessel symbolisiert den Schoß der Muttergöttin, der Erde.

An manchen Tagen trafen sich die Hexen an Salzquellen, um das Salz im Kessel oder in einer Pfanne zu sieden. Salz war in alter Zeit ausgesprochen selten

Sudzauberinnen brauen in ihrem Kessel ein Hagelwetter. Aus: Ulrich Molitor »Von den Unholden und Hexen«, Köln 1489.

und galt daher als wertvoll und heilig. Es macht nicht nur die Speisen schmackhaft, sondern wehrt böse Geister und Krankheitsdämonen ab. Seine magischen Eigenschaften wissen sich die Hexen nutzbar zu machen. Nur die Schadzauberinnen fürchten das Salz und gehen ihm aus dem Wege, da es leicht ihren üblen Zauber vereiteln kann. Die Christen glauben allerdings, das alle Hexen das Salz scheuen würden; deswegen erzählten viele, bei den nächtlichen Festen der Zauberinnen fehle es jeglicher Speise an Salz, und somit sei das Mahl recht fade und geschmacklos. In Wirklichkeit wird das Salz lediglich von bösen Geistern gescheut. Diese lassen sich durch Salz leicht bannen oder vertreiben.

Durch den Sudzauber können Hexen das Wetter beeinflussen; es heißt, sie kochen das Wetter gar. Man bezeichnet sie deshalb als Hagelsiederinnen oder Schauerbrüterinnen. Manche Hexen baden in einer Bachmulde und nehmen das Wasser mit nach Hause, um darin Fleisch zu sieden. Daraufhin soll ein Gewitter entstehen. Durch das Sieden von Eichenlaub wird Sturm oder Hagel herbeibeschworen. Oder die Hexen kochen Raupen und Heuschrecken in ihrem Kessel. Durch Kochen von Apfelblüten können Schadzauberinnen die Obsternte verderben.

Um einen Mann an sich zu binden, siedet die Hexe bestimmte Kleidungsstücke, oder sie kocht ein Tierherz, um den untreuen Geliebten zurückzuholen.

Der Sudzauber wird auch zu Orakelzwecken benutzt; so schlägt man zu Neujahr Eier in siedenes Wasser und weissagt aus der Form des geronnenen Eiweißes. Am Ostermorgen kocht man ebenfalls Wasser und versucht aus dem Brodeln den Namen des zukünftigen Geliebten zu erfahren.

Zur Herstellung der Hexensalbe (Flugsalbe) nimmt die Zauberin ein paar Rauschpflanzen, z. B. Bilsenkraut, Schierling oder Eisenhut, dazu noch andere Kräuter, welche die giftigen Wirkungen mildern, zerstößt die Pflanzen im Mörser und siedet sie in einem Fett. Das kann Schweinefett, Gänsefett oder sonstiges Tierfett sein. Wenn möglich, wählt die Hexe das Fett ihres Krafttieres. Möglicherweise wurde in früheren Zeiten auch Menschenfett benutzt, wenn man den Schilderungen von Hexenprozessen Glauben schenken darf. Oft ist hier von Säuglingsfett die Rede. Es wurde behauptet, die Hexen würden einen noch ungetauften Knaben in einem großen Kupferkessel kochen und sein Fett zur Herstellung der Salbe verwenden. Man warf den als Hexen ver-

Die Sudzauberinnen entleeren einen Kessel ins Meer und verursachen so einen Seesturm, damit ein Schiff untergeht. Aus: »Historia des gentibus septentrionalibus« von Olaus Magnus, Schweden, 16. Jh.

dächtigen Personen vor, sie grüben die Leichen von Kindern aus, um diese solange zu kochen, bis das Fleisch von den Knochen fiel. Oder es hieß, die Hexen würden selber Kinder schlachten und anschließend kochen. Die Inquisitoren hingen den antiken Vorstellungen von menschenfressenden Dämonen an und übertrugen dieses auf die zauberkundigen Frauen. Die Hexe galt nun als Kindsmörderin, Menschenfresserin, wie wir es auch aus vielen Märchen kennen; man denke nur an *Hänsel und Gretel.* In heidnischer Zeit waren es noch böse Geister, denen man das Fressen von Menschen nachsagte. Sie konnten die Lebenskraft einer Person absaugen und den Betreffenden auf diese Weise schwächen oder sogar töten. Durch die Vermischung von Geister- und Hexenvorstellungen entstand das Bild von der menschenfressenden Hexe. Es gab allerdings auch Leute, die tätsächlich Kinder töteten und ihre Herzen (oder andere Teile) verspeisten, um so magische Kräfte zu erhalten. Doch waren dies geisteskranke Mörder, wie z. B. jene, die schwangere Frauen töteten, ihnen das Kind aus dem Leib schnitten und dessen Fingerchen als "Diebeslichter" mißbrauchten, um ungesehen in fremde Häuser eindringen zu können.

Man warf den Hexen vor, dem Teufel kleine Kinder zu opfern. In Wirklichkeit nahmen die Leute ihre Kinder mit zum heidnischen Priester und ließen sie den Göttern weihen. Noch in christlicher Zeit gab es Hebammen, die nach der Geburt mit dem Säugling nach draußen gingen, ihn auf die Erde legten und zum Himmel erhoben. So wurde das Kind der Erdmutter und den himmlischen Göttern geweiht. Waren die Eltern schon Christen, so mußte die Hebamme dies heimlich tun. Gerade die Hebammen wurden oft als Hexen bezichtigt und verfolgt, da viele von ihnen noch heidnisch gesinnt waren. Sie verstanden sich besonders auf die Sudkunst und bereiteten den schwangeren Frauen Tränke und Räucherungen zur Geburtserleichterung. Die Hebammen achteten genau auf Vorzeichen, welche die Geburt betrafen. Begegnete der Hebamme unterwegs eine Kröte, so bedeutete das eine glückliche Geburt, denn die Kröte ist ja ein heiliges Tier der Erdgöttin und Symbol für die Gebärmutter. Die Hebammen verstanden sich aber auch auf die Kunst der Abtreibung ungewollter Kinder; das mag die Vorstellung von der kindermordenden Hexe noch bekräftigt haben. Bei den Heiden galt Abtreibung nicht als moralisch verwerflich. Man gab einfach die Seele des Ungeborenen der Erdmutter zurück, die es dann weiterhin in ihrem unterirdischen Reich hütete. Erst die Kirche verteufelte dieses Verfahren und ließ viele Hebammen als Hexen verhaften und hinrichten.

10. Kräuterhexen

Das Heilen und Zaubern mit Kräutern gehört zu den wichtigsten Fähigkeiten der Hexe. Bestimmte Pflanzen tauchen immer wieder im Zusammenhang mit Hexerei auf. Viele dieser Pflanzen spielen in der Frauenheilkunde eine große Rolle, werden zur Förderung der Menstruation oder der Fruchtbarkeit, zur Abtreibung oder zur Erleichterung der Geburt benutzt. Manche dienen zu Liebeszaubern oder helfen gegen böse Geister.

Die wichtigste Zeit für die Kräuterhexen sind die "Frauendreißiger", wenn die Sonne im Zeichen der Jungfrau steht (ab dem 23. August), denn die Jungfrau ist das Zeichen der Heilkunst, der Kräuter und der Ernte. Im Volksglauben heißt es, die Hexen hätten in dieser Zeit große Gewalt. Im christlichen Kalender gilt Maria Himmelfahrt am 15. August als Beginn der Frauendreißiger. Dieses Fest war ursprünglich eine heidnische Erntefeier, wo die Göttin des Korns verehrt wurde. Im Norden kennt man sie unter dem Namen Sif (deutsch: Siwa), von der Kirche als Maria Sif übernommen. Die Römer feierten am 13. August das Fest der Diana und die Griechen das Fest der Hekate, beides Mondgöttinnen. Da im heidnischen Südeuropa der Monat mit der ersten neuen Mondsichel begann, war der 13. August natürlich ein Vollmondfest. Im Norden wurde das Kornfest zur gleichen Zeit gefeiert. Die Kelten nannten es Lugnasad, die Germanen benutzten Namen wie Leinernte oder Hagelfest.

Kurz nach dem Kornfest, wenn nun die Sonne in das Zeichen der Jungfrau tritt, beginnt die große Sammelzeit für die kräuterkundigen Frauen. Was nicht

Frauen sammeln in ihrem Garten Kräuter. Aus: »Hortulus« von Wahlafried Strabo, Wiener Druck um 1510.

schon zu Mai oder Mittsommer geerntet wurde, landet jetzt im Kräuterbüschel der Hexen. Selbst die Kirche hat diesen alten Brauch übernommen und weiht an Maria Himmelfahrt die von den Frauen gesammelten Kräuter. Dabei kommt es darauf an, eine bestimmte Zahl von Kräutern zu einem Büschel zusammenzubinden. Bei den Hexen sind es immer neun Kräuter, die von Landschaft zu Landschaft variieren. Die wichtigste Pflanze ist dabei die Königskerze, die dem Donnergott geweiht ist und vor bösen Mächten schützt. Oft im Büschel vorkommende Kräuter sind z. B. die Schafgarbe, der Rainfarn, der Beifuß (Hexenkraut), der Wermut, der Odermennig (das bedeutet: Odins Männlein) das Eisenkraut, das Hartheu (Johanniskraut, auch Hexenblume, Hexenkraut oder Sonnwendkraut genannt), der Baldrian (ebenfalls Hexenkraut) und auch Eichenblätter. Das Kräuterbüschel wird am Hausaltar aufgehängt und soll so das ganze Jahr vor allem Bösen schützen. Die neunerlei Kräuter dürfen nur mit der bloßen Hand gepflückt werden.

Die Neunzahl der Kräuter hat für die Hexen eine wichtige Bedeutung. Im altenglischen Neunkräutersegen wird eine solche Anzahl von Kräutern zur Heilung eines Schlangenbisses beschworen. Einige Heilpflanzen tragen Beinamen wie "Neunkraft" (Schafgarbe und Pestwurz) oder "Neunmannskraft" (Königskerze). In den Wernigeroder Hexenakten heißt es, daß die Hexen immer neun Kräuter zu den Zaubermitteln brauchen. Im Jahre 1582 bekennt eine Hexe in Mecklenburg, daß sie neunerlei Kräuter gebraucht habe, nämlich Wermut, Vogelknöterich, Kamille, Odermennig, Guter Heinrich, Eberraute, Pestwurz, Spicknarden (wahrscheinlich Baldrian) und Eibisch.

Der Wermut und die Eberraute zählen beide zu den Artemisia-Gewächsen, benannt nach der Mondgöttin Artemis; sie haben also eine Beziehung zum Mond und auch zur Menstruation, welche durch diese Kräuter gefördert wird. Der Wermut ist ein altes Totenkraut, das den Verstorbenen mit in den Sarg gelegt wurde. Im Toten- und Geisterkult wird mit Wermut geräuchert. Er ist schwach giftig und kann einen Rausch herbeiführen. Auch der nah verwandte Baldrian heißt im Volksmund "Mondwurz" und unterstützt die monatlichen Blutungen. Die Hexen benutzen ihn zum Liebeszauber. Man nennt ihn "Hexenkraut" oder "Dreifuß"; er ist eine mächtige Heil- und Zauberpflanze und vertreibt böse Mächte. Auch die Eberraute wird als Liebesmittel gebraucht. Sie regt zur Liebe an und zerstört gleichzeitig Zauber, die den Beischlaf verhindern könnten. Wie der Baldrian heißt sie "Hexenkraut". Der Odermennig gilt ebenfalls als Liebeszauberkraut; außerdem kann man mit ihm Tiere zähmen. Von der Pestwurz heißt es, das Blatt habe neun Adern, neun Kräfte und heile neun Krankheiten, weswegen es auch "Neunkraft" heißt. Der Gute Heinrich, ein Gänsefußgewächs, wird von einem hilfreichen Pflanzengeist bewohnt. Er schützt z. B. die Milch vor Verzauberung und heilt Hautausschläge. Die Kamille ist neben ihrer guten Heilkraft eine starke Schutzpflanze. Wer sie in der Hand trägt, kann nicht von bösen Geistern angegriffen werden. Hängt man ein Kamillebüschel an die Zimmerdecke, und eine Hexe betritt den Raum, so schwingt das Büschel hin und her. Die Kamille wird nicht in den Frauendreißigern, sondern zu Mittsommer gepflückt. Sie ist eine typische Sonnenwendpflanze.

Die Sommersonnenwende ist nämlich der andere wichtige Termin für die Kräuterhexen. Hier werden unter anderem folgende Kräuter gesammelt: Hartheu, Arnika, Eberwurz (Silberdistel), Sauerampfer, Quendel (wilder Thymian, auch "Hexenkraut"), Glockenblumen, Klee, Margeriten, Butterblumen,

Frauenhaar, Skabiose, Vergißmeinnicht, Wiesennelken und Zweige von Eiche und Hasel. Man bindet diese Pflanzen zu Sonnwendbüscheln oder Kränzen, die dann im Haus aufgehängt oder aufs Dach geworfen werden, um vor Krankheit, Blitzschlag, Feuer und Dämonen zu schützen. Man kann mit ihnen das Haus ausräuchern, z. B. bei Gewittern. Auch werden sie zu Liebesorakeln verwendet.

Am Mittsommerabend zwischen 11 und 12 Uhr sammelt man neunerlei Kräuter, bindet sie zum Strauß und legt sie unters Kopfkissen. Das muß stillschweigend geschehen. Was man nun in dieser Nacht träumt, geht in Erfüllung. Wirft man den Sonnwendstrauß durch die Tür ins Haus oder steckt ihn durchs Fenster, so kann man seinen zukünftigen Partner erblicken. Kocht man aus dem um 11 Uhr abends gesammelten Strauß einen Tee und trinkt ihn um 12 Uhr, so bleibt man gesund. Bestimmte Zauberkräuter müssen in der Nacht vor Mittsommer gesammelt werden, um magisch wirksam zu sein, z. B. Tausendgüldenkraut, Beifuß, Knabenkraut, Hartheu, Rainfarn und Fünffingerkraut. Im Volksglauben heißt es, die Hexen würden jetzt ihre Feste begehen und ihre Künste treiben; unter dem Feierabendläuten würden sie die Kräuter sammeln, um ihre Zauber zu tätigen.

Die berühmte Hexensalbe Ungentum Pharelis bestand neben Tierschmalz und Vogelblut aus 7 Kräutern, welche den 7 Planeten geweiht sind. Diese Pflanzen mußten am jeweiligen Wochentag ausgegraben werden: Am Sonntag Solsequium (Sonnenwende, Wegwarte, Ringelblume oder Löwenzahn, wobei der Löwenzahn auch "Hexenlicht" oder "Hexenmilch" heißt, während man die Sonnenwende "Hexenkraut" nennt), am Dienstag Lunariam (Mondraute, Silberblatt oder Königsfarn), am Dienstag Verbenam (Eisenkraut), am Mittwoch Mercurialem (Bingelkraut), am Donnerstag Barbam Jovis (Hauswurz oder Königskerze) und am Freitag Capillos Veneris (Frauenhaar). Leider fehlt der Hinweis, welches Kraut am Sonnabend gepflückt wurde. Es muß sich um eine saturnische Pflanze handeln. Folgende Kräuter kommen hier in Betracht: Raute (Hexenkraut), Eppich (= Sellerie), Mohn, Schwarze Nieswurz und der aus Südeuropa stammende Alraun (Hexenkraut); die letzteren drei sind giftig. Der betäubend wirkende Mohn ("Hexe" genannt) wird auch in anderen Hexensalben erwähnt, ebenso der Alraun und der Eppich. Vielleicht ist aber auch als siebentes, saturnisches Kraut der Ungentum Pharelis das Bohnenkraut gemeint, da es den botanischen Namen "satureja" trägt.

Besonders das in dieser Hexensalbe erwähnte Eisenkraut, welches der Liebesgöttin geweiht ist, gilt als klassisches Zauberkraut. Ein Heilkundiger schrieb im Jahre 1555, daß das »Kraut Verbena (Eisenkraut) noch heutigs tags mehr in der Zauberei dann in der artznei gesamlet wird«. Die Pflanze trägt im Volksmund sehr interessante Namen: Venusader, Träne der Isis, Merkurblut, Drudenkraut, Sagenkraut, Teufelswurz, Wunschkraut und geweihtes Kraut. Bei den Galliern galt es als heilig, zumal es die Wunden der Krieger heilte. Außerdem verwendeten sie es zum Wahrsagen. Die Hexen benutzten es für den gleichen Zweck, aber auch, um sich gegen Folterungen schmerzunempfindlicher zu machen, um Geistern zu gebieten, um Freundschaft und Liebe zu erregen und natürlich auch zum Heilen. Gräbt man Eisenkraut an einem bestimmten Tag aus, so läßt es sich im Liebeszauber verwenden. Man muß es stets beim Aufgehen des Hundssternes pflücken, wenn weder Sonne noch Mond scheinen. Es kann erheblich die Schwingungen eines Raumes verbessern, sei es durch Räuchern oder durch Einlegen in Wasser. Es vertreibt böse Geister, Schlangen, wütende Hunde und hat die Kraft, Fesseln und Schlösser zu sprengen. Es ist den Hexen auf vielfältige Weise hilfreich.

Wie wir bereits gesehen haben, tragen viele Pflanzen im Volksmund den Namen "Hexenkraut", obwohl es ein richtiges Hexenkraut (Circaea) gibt. Ich erwähnte schon das Hartheu, den Baldrian, den Beifuß, die Eberraute, die Raute, den Quendel und die Sonnenwende. Dazu kommen noch Tollkirsche, Alraun, Stechapfel, Schöllkraut, Christophskraut, Nixkraut, Keulen-Bärlapp, Waldspringkraut, Mauerpfeffer, Fetthenne, Kornrade, Wolfsmilch, Sommer- Ziest, Hasenklee, Kreuzkraut, Weidenröschen, Poleiminze, Dost, Dill, Diptam, Leinkraut und Zitwer.

Die Mistel heißt "Hexenkraut", "Hexenast", "Hexenbusch", "Hexenbesen" und "Hexenbeere". Möglicherweise aber handelt es sich bei diesen Namen um eine Verwechselung mit einem vom Blitz hervorgerufenen besenartigen Auswuchs an den Ästen der Bäume, den man "Hexenbesen" nennt. Die Mistel ist dem Mond geweiht. Der Wurmfarn heißt "Hexenkraut" und "Hexenfittich".

Eisenhut, Klatschmohn und Silberwurz nennt man "Hexe". Die einheimische Traubenkirsche (Prunus padus) wird als "Hexenbaum" oder "Hexenholz" bezeichnet. "Hexenblumen" sind der Augentrost, das Buschwindröschen, der Rote Fingerhut, das Hartheu und das Wiesenschaumkraut. Neben der Mistel heißen auch die Küchenschelle, der Schlafapfel und der Ackerschachtelhalm "Hexenbesen". Das Wollgras nennt man "Hexenflachs" oder "Hexengras".

Die Waldrebe heißt "Hexenfinger" und wie das Klebkraut auch "Hexenhaar". Kreuzdorn und Hundsrose werden als "Hexendorn" bezeichnet. Verschiedene Pilze nennt man "Hexenei", so den Bovist (auch "Hexenbeutel", "Hexenfurz"), die Stinkmorchel und den Fliegenpilz. Der Hexenröhrling ist ein bekannter Speisepilz. Die Rauschbeere heißt "Hexenbeere", die Brombeere "Hexenschmer". Bärenklau ist "Hexenkohl", die Edeldistel eine "Hexendistel, und die Kaiserkrone ein "Hexenauge". Von den Bäumen heißt die Weißbirke "Hexenbirke" und die Ulme "Hexenulme". Viele Pflanzen tragen diese Namen wegen ihrer geisterabwehrenden Wirkung, da der Volksglaube oft Hexen und Geister nicht unterschied, wie z. B. bei Harteu, Baldrian, Dost und Dill. Dazu sind alte Sprüche überliefert, wie

»Dost, Hartheu und weiße Heid
tun dem Teufel viel Leid«.

Andere Pflanzen hingegen wurden von den Hexen sehr gerne als Rausch- oder Zaubermittel benutzt, wie z. B. Tollkirsche, Eisenhut und Fliegenpilz.

Ob ein Kraut heilkräftig oder magisch wirksam ist, hängt von der richtigen Sammelzeit ab. Bestimmte Tage und Nächte sind besonders geeignet, wie Ostern, Maitag, Mittsommer oder Frauendreißiger. Manchmal sind bestimmte Wochentage vorgeschrieben. Hier spielt vor allem der Donnerstag eine wichtige Rolle, der in heidnischer Zeit als besonders heilig galt; es ist der Tag des Gewittergottes Donar. Aber auch der Freitag als Tag der Liebesgöttin wird für das Pflücken bestimmter Kräuter empfohlen. Am Sonntag werden die Sonnen-, am Montag die Mondkräuter gesammelt. Dienstag ist der Tag des Gottes Tius, dem z. B. Veilchen und Sturmhut geweiht sind. Am Mittwoch pflückt man die Pflanzen des Gottes Wodan, während der Sonnabend für die Kräuter der Erdmutter geeignet ist. Manchmal ist die Mondphase von Bedeutung für das Sammeln. Einige Pflanzen werden bei zunehmendem, andere bei abnehmendem Monde geerntet; manche auch bei Neu- oder Vollmond. Es gibt Kräuter, die beim Aufgehen bestimmter Sterne oder Planeten, z. B. Abendstern oder Hundsstern, gepflückt werden müssen. Dazu kommen noch Beschwörungen und Speiseopfer an viele Pflanzen. Die Hexen kennen die Regeln beim Kräutersammeln, die seit uralter Zeit von ihren Ahnen überliefert sind. Wer sich hier kundig machen möchte, dem empfehle ich das fleißige Lesen der alten volkskundlichen Kräuterbücher.

»Die Madonna auf der Mondsichel« von Albrecht Dürer. Aus der Mondgöttin Frowa wurde im Laufe der Zeit die Jungfrau Maria. Die Mondsichel ist noch heute ihr Attribut.

11. Der Einfluß des Mondes

Daß der Mond das Leben von Menschen, Tieren und Pflanzen beeinflußt, wissen die Hexen. Nach dem Mondlauf richten sich die weisen Frauen bei ihren Zauberhandlungen; denn von der Mondphase und der Stellung des Mondes hängt oft ab, ob sich ein Zauber auswirkt. So gibt es spezielle Zauber, die an den zunehmenden Mond gebunden sind, wie z. B. solche, welche das Geld vermehren sollen. Andere Zauber wiederum sollten bei abnehmendem Mond durchgeführt werden; dazu gehören z. B. die Bannzauber.

Der Vollmond gilt als ein besonders krafterfüllter Tag. Mensch und Tier werden durch den Schein des vollen Mondlichtes belebt; die Pflanzensäfte befinden sich auf ihren Höhepunkt. Unsere Vorfahren hielten ihre Versammlungen entweder zu Voll- oder zu Neumond ab, je nach Zweck des Zusammentreffens. Der Neumond, also wenn die erste schmale Sichel wieder sichtbar ist, wird freudig begrüßt. Man wirft ihm Kußhände zu, macht drei Knickse oder verbeugt sich respektvoll vor ihm. Der Schwarzmond dagegen, wenn der Mond völlig verschwunden ist, gilt als Ruhephase, wo nicht gezaubert wird. In den drei Schwarzmondnächten sind die dunklen Mächte besonders aktiv. Wer jetzt einen Schadzauber versucht, auf den fällt er stärker als sonst zurück.

Der Mond beherrscht unser Unterbewußtsein, die Triebe und Instinkte, im Gegensatz zur Sonne, die das Bewußtsein und den Verstand regiert. Unsere Träume, unser Seelenleben, aber auch unsere Gewohnheiten bestimmt der Mond. Wie wir uns ernähren, wie wir unsere Wohnung einrichten, unser Verhältnis zu den Eltern, den Ahnen und zur Heimat - das alles beinflußt der

Mond. Er steht besonders für das Weibliche, die Frauen, die Mütter und Ahninnen, aber auch für unser kindliches Selbst, welches die Welt spielerisch und unvoreingenommen wahrnimmt.

In der Astrologie ist der Mond ebenso von Bedeutung wie Sonne und Aszendent. Im Geburtshoroskop ist die Stellung des Mondes entscheidend für die magischen Fähigkeiten eines Menschen. Es gibt zwölf Felder im Horoskop, entsprechend den zwölf Tierkreiszeichen. Eine Hexe hat meist das achte oder das zwölfte Feld mit Mond oder Sonne besetzt. Der Mond steht für das kollektive Unbewußte, das eine wichtige Rolle bei der magischen Arbeit spielt. Es sind Bilder, die tief im Inneren eines Volkes verwurzelt sind, all die Symbole, Mythen, Märchen und Traumbilder. Dem Mondbewußtsein ist der Traum wirklicher als der Wachzustand, weil der Traum offenbart, wie wir in Wahrheit fühlen. Der Mond zeigt uns schonungslos unseren Schatten, das, was wir gerne im Alltag verdrängen, die Abgründe unserer Seele. Nichts bleibt dem Mond verborgen.

Der Mond ist Freund und Begleiter der Hexen. Obwohl er männlich genannt wird, gibt es auch eine Göttin, die über den Mond herrscht. Es ist die Liebes- und Morgensterngöttin Frowa (nord. Freyja), die ja den anderen Göttern den seiðr lehrte. Sie vereinigt in sich Züge der römischen Mondgöttin Diana und der Liebesgöttin Venus/ Aphrodite. Nach der Missionierung nannte man Frowa in Deutschland nur noch Frau Venus oder Diana, da Latein im Mittelalter die gängige Schriftsprache der Gelehrten war. Oder man erklärte sie zur Jungfrau Maria, die oft auf einer Mondsichel dargestellt wurde. In Maria vereinigen sich Züge der Erdmutter und der Mondgöttin Frowa, die ja die Tochter der Erdmutter Nerthuz ist. Nach Finn Magnusen (1781 - 1847) sind die vier nordischen Beinamen der Freyja die vier Mondphasen, nämlich Mardöll, Hörn, Gefn, Syr.

Die Mondgöttin hilft uns, an unser Unterbewußtsein zu gelangen und unsere Träume zu deuten. Auch verschafft sie uns Zugang zu unseren Müttern, den weisen Ahnfrauen. Jede Hexe hat irgendwelche weisen Frauen unter ihren Vorfahren, vielleicht eine Groß- oder Urgroßmutter, die über besonderes Wissen verfügte. Ganz unten an den Wurzeln unseres Ahnenbaums finden wir unsere "Urmutter". Sie ist die wilde Frau, die Hexe der Steinzeit. Ein Teil von ihr lebt auch noch heute in den Frauen, besonders in den Hexen. Wir können sie in uns beleben, wenn wir uns mit der Natur verbinden und ursprüngliche Dinge verwenden: Federn, Steine, Knochen, Fell, Kräuter, Trommeln. In unserer

Kindheit haben wir die Anwesenheit des wilden Wesens noch stärker gespürt, als wir noch mehr unserer Eingebung und unserem Gespür vertrauten, als wir ausgelassen spielten, herumhüpften und Tiere unsere besten Freunde waren. Für eine Hexe ist es sehr wichtig, diese "lunare" Seite an sich zu entwickeln. Die wilde Frau ist offen für Zauberei und wundersame Erfahrungen. Es fällt ihr nicht schwer, in einen anderen Bewußtseinszustand zu geraten. In der Zauberei gilt: Die Welt ist immer so, wie wir sie sehen. Wenn die Hexe eine Puppe anfertigt und davon überzeugt ist, die Puppe sei eine bestimmte Person, so gilt dies auf der magischen Ebene als Wahrheit. Wenn die Zauberin nun Handlungen an der Puppe vollzieht, hat dies auch Auswirkungen auf die entsprechende Person. Alles ist eine Frage der Vorstellungskraft.

Die Mondgöttin herrscht über Geburt, Fruchtbarkeit und Menstruation. Der fruchtbarste Moment einer Frau ist der Zeitpunkt, wenn der Mond sich in der gleichen Phase befindet wie bei ihrer Geburt. Bei den Naturvölkern ist es meistens so, daß die Frauen bei Vollmond einen Eisprung haben und bei Schwarzmond menstruieren.

Der junge zunehmende Mond wurde bei den alten Griechen Artemis (Diana) genannt, der fast volle Mond Selene und der Vollmond Hekate. Die Göttin Selene trägt auch den Beinamen Mene, welcher identisch mit dem alten deutschen Namen Manin ist. Unsere Vorfahren verehrten auch einen männlichen Mondgott, den Mane oder Mannus, nordisch Máni oder Heimdallr, gotisch Mena, altenglisch Mona. Darin stimmen wir mit der indischen Mythologie überein, die mit unserer gemeinsame Wurzeln hat. Die Inder haben den Mondgott Chandra und die Mondgöttin Candi. Einen Monat lang beherrscht Candi den Mond, danach Chandra. Die Mondgöttin Artemis wurde später zur hl. Ursula, im Volksmund "Horsel" genannt.

Von den Griechen ist überliefert, daß die Hexen die Technik des "Mondherabziehens" beherrschten. Die Zauberin bei Ovid rühmte sich dieser Fähigkeit (siehe s. 55). Bei Vollmond beschworen die Hexen die Mondgöttin und baten sie, zu ihnen zu kommen. Auch verstanden es die Hexen, eine besondere Flüssigkeit, den Mondtau oder die Mondmilch, zu gewinnen. Die Inder kennen diese Flüssigkeit als das vom Mond stammende Soma. Der zunehmendem Mond füllt sich allmählich immer mehr mit dem Soma an. Im nordischen Mythos entspricht es dem süßen Met, den der Mondgott Heimdall (Mannus) in seinem Hause trinkt. Soma ist auch selbst zu einem Namen des indischen Mondgottes geworden.

Die Mondgöttin teilt sich den Hexen in erster Linie über die Träume mit. Hier haben sie eine gute Möglichkeit, mit ihr in Kontakt zu treten. Wollen die Hexen ein Mondritual zu Ehren der Frowa als Mondgöttin zelebrieren, so wählen sie eine schöne klare Vollmondnacht an einem Gewässer (der Mond beherrscht das Wasser). Als Räucherung eignet sich das Harz der Silbertanne gut, da sie ein Mondbaum ist. Ein anderer Mondbaum ist die Weide; daher ist es sinnvoll, wenn Weiden in der Nähe stehen. Der Räucherung kann man etwas Beifuß (Artemisia) hinzufügen. Das Trinken von Beifußtee erhöht die Fähigkeit, in die geistige Ebene zu schauen. Alle Gegenstände aus Silber eignen sich gut für Mondrituale. Die vorherrschenden Farben sind Weiß und Grün. Nach der Ehrung der Göttin werden ihr Opfer dargebracht. Das können z. B. Hörnchen (Mondform!) aus feinem weißen Mehl sein, ein altes Kultgebäck. Es gibt auch Kekse in Hörnchenform, die sogenannten Kipferl. Als Trinkgefäß paßt hier ein Horn natürlich besonders gut. Wer möchte, kann aber auch einen Silberbecher verwenden. Um zu erfahren, was die Göttin Frowa ihr mitteilen möchte, setzt sich die Hexe an den See und blickt darin in das Spiegelbild des Vollmondes. Die erscheinenden Bilder offenbaren ihr Zukünftiges oder beantworten ihr wichtige Fragen. Diese Methode der Zukunftsschau ist bereits Jahrtausende alt und bei vielen Völkern bekannt.

Es gibt insgesamt zwölf bzw. dreizehn Vollmonde im Jahr, von denen vier als große Jahresfeste gefeiert werden: Fasnacht (Imbolc), Maifest (Beltaine), Leinernte (Lugnasad) und Winternacht (Samhain). Zur Fasnacht im Februar (Sternzeichen: Wassermann) ist die Erdgöttin noch jungfräulich, ungebunden und weiß wie der Schnee. Zum Maifest (Stier) ist sie sinnlich, erotisch und sprüht voller Lebenskraft. Zur Leinernte (Löwe) im August ist sie die nährende Mutter, bei Winterbeginn (Skorpion) wird sie zur alten weisen Totengöttin, welche über die Geister der Ahnen herrscht. Die Mondgöttin ist die Tochter der Erde und ebenfalls Gebieterin über die Toten. Ihr Reich heißt in der *Edda* Folkvangr, Völkerfeld. Frowa besitzt ein Federgewand, mit dem sie durch die Luft fliegen kann, wie man es den Hexen ja auch nachsagt. Mit ihr fliegen die Valkyren, junge, schöne Geistfrauen, die den Menschen hilfreich zur Seite stehen und Todgeweihte ins Götterreich geleiten. Sie verwandeln sich oft in Vögel, z. B. in Krähen. Valkyren können sowohl Geister als auch Seelen (Astralkörper) noch lebender Frauen sein. Der Mond gilt in vielen alten Mythen als Sitz der Totengeister, der Manen im Monde. Es heißt, daß bei Voll- oder Neumond die Geister der Ahnen auf der Erde wandeln würden. Sie erscheinen dann den Lebenden im Traume.

Den meisten Geistwesen ist das Sonnenlicht zu grell, und sie bevorzugen deshalb den milden Schein des Mondes. Das gilt für Natur- als auch für Totengeister. In den mondhellen Nächten können die Hexen am besten mit ihnen in Verbindung treten. In dem alten Volkslied *Lenorenritt* heißt es:

Der Mond scheint helle,
die Geister reiten schnelle.
Die Geister reiten bei Mondenschein,
sie sind keines Menschen Freund ...

Es kann gefährlich sein, den Geistern ungeschützt gegenüber zu treten. Man weiß nie genau, wie sie auf Menschen reagieren, ob freundlich oder feindselig. Schon in alter Zeit waren eine Menge Schutzmaßnahmen bekannt, wenn man mit Geistern Kontakt aufnahm. Die Hexen benutzen einen magischen Schutzkreis oder tragen bestimmte Gegenstände bei sich.

Die Mondgottheit konnte aber auch selber vor gefährlichen Geistern schützen. In der Antike galt der Mond als der, »der die Gespenster zurückdrängt«. In dem altenglischen *Charm against the Night Mare* (ca. 14. Jh.) erscheint der Mondgott als Geistjäger, der eine Mar, einen weiblichen Druckgeist, bindet:

Tha mon o'micht he rade o'nicht
Wi' neider swerd ne ferd ne licht.
He socht tha Mare, he fond tha Mare,
He bond tha Mare wi' her ain hare,
Ond gared her swar by midder-nicht
She wolde nae mair rid o'nicht
Whar aince he rade, thot mon o'micht.

(Der Mond voll Macht, er ritt zur Nacht,
Er hat nicht Schwert, nicht Gefährt, nicht Licht.
Er sucht die Mar, er fand die Mar,
Er band die Mar mit ihrem Haar,
Und ließ sie schwör'n bei Mitternacht,
sie wolle nie mehr fahr'n zur Nacht,
wo einst er ritt, der Mond voll Macht.)

Wir sehen, daß es bei den alten Völkern stets männliche und weibliche Mondgottheiten gab. Jede Gottheit stellt eine individuelle Persönlichkeit dar und sollte auch als solche behandelt werden. Es wäre falsch zu glauben, Mondgott und -göttin seien nur "Aspekte" einer einzigen Gottheit. Ebenso darf man die Mondgöttin nicht mit der Erdmutter oder der Sonnengöttin gleichsetzen, wie es leider heute oft üblich ist. Natürlich sind alle Götter miteinander verbunden, wie ja auch alles in der Natur miteinander verbunden ist. Und doch ist jedes Wesen einzigartig in seiner Erscheinung.

12. Hexen in der heutigen Zeit

In einer Gesellschaft, wo der Kontakt zu den Naturkräften gestört und das magischäe Bewußtsein weitestgehend verschwunden ist, haben es Hexen sehr schwer. Viel Wissen ist verlorengegangen, da die Ketten geheimer Überlieferungen in der Inquisitionszeit oft durchbrochen wurden, indem man die weisen Frauen und Männer töten ließ. Zum Glück hat sich noch einiges Zauberwissen im Volke bewahrt und wurde zum Teil niedergeschrieben, besonders im 19. Jahrhundert. Doch kaum jemand beschäftigt sich ernsthaft mit dieser Art von Literatur. Der heutige Mensch der Industriegesellschaft hat sich sehr weit von der Natur entfernt und interessiert sich auch selten für die Überlieferungen seiner Vorfahren. Den meisten geht es materiell gut, so daß sie glauben, sie bräuchten die Götter und Geister, die Kräfte der Natur, nicht mehr. Diese Leute erkennen nicht, wie abhängig sie in Wirklichkeit noch von den Naturkräften sind. Selbst vielen spirituell interessierten Menschen fehlt dieses höhere Bewußtsein. Sie suchen nach Erleuchtung oder möchten der große Magier, die große Hexe sein. Es ist meist reiner Egoismus, der hinter diesen Wünschen steht. Dies ist jedoch durchaus verständlich, da die heutige Gesellschaft die Menschen ja zu Egoisten erzieht, denen der Gemeinschaftssinn fehlt. Der "Magier" denkt sich, warum solle er etwas für eine Gesellschaft tun, für die er ein abgehobener Spinner ist? Höhere Ethik und Naturverbundenheit fehlen ihm, denn keiner hat ihn diese gelehrt. Es gibt nur wenige Menschen, in denen sich diese Werte von alleine entwickeln. Doch wer Hexe sein möchte, braucht diese Werte. Nur durch die Hilfe der Götter und Geistwesen bringt man ein magisches Werk zustande. Und nur, wo noch die Natur vorhanden ist, in den Wäldern, an Seen, auf Bergen usw. können wir uns mit den höheren Mächten verbinden. Es geht nicht darum, Geister zu beherrschen, sondern zu lernen, sie um etwas zu bitten. Ein freundschaftliches Verhältnis zu den Naturkräften ist notwendig, vor allem eine positive Einstellung zur heimatlichen Natur und den eigenen Ahnen. Hexe sein bedeutet, die ursprüngliche Naturreligion und Naturmagie der eigenen Vorfahren zu leben. Beides ist untrennbar miteinander verbunden. Wer die Naturkräfte nicht respektiert und ehrt, wird nie eine gute Hexe sein. Gerade in der heutigen Zeit gibt in den Städten die sogenannten "Wohnzimmer-Hexen", die ihre Rituale fast ausschließlich in den eigenen vier Wänden begehen. Sie wirken oft zerfahren und kraftlos, da ihnen der Kontakt zu den Naturkräften fehlt. Eine Hexe schöpft ihre Energien aus der Erde, aus den Wäldern und Flüssen. Die Götter und Geister sind in der freien Natur zuhause und entfalten dort ihre größte Kraft.

Ein weiteres Problem ist, daß sich die magisch interessierten Leute zu wenig in der Mythologie ihrer heidnischen Vorfahren auskennen. Sie sind vielleicht fasziniert von den Mythen anderer Völker, verschmähen jedoch ihre eigenen Überlieferungen. Sie vergessen ein wichtiges magisches Gesetz: Eine Hexe ist mächtig im eigenen Lande, vermag in der Fremde jedoch nur wenig auszurichten, so lehrt es uns die Volksüberlieferung. Viele junge Europäer suchten bei den Indianerstämmen nach spiritueller Weisheit, wurden jedoch mit der Mahnung zurückgeschickt, in Europa die eigenen spirituellen Wurzeln zu ergründen. Doch selten hält sich jemand an diesen weisen Rat. Stattdessen werden neue Glaubensformen ersonnen und als "altes Wissen" verkauft. Ein Beispiel hierfür ist "Wicca", das sogenannte moderne "Hexentum". Der Name ist tatsächlich alt und stammt aus dem Angelsächsischen. Doch die Form dieser Glaubensrichtung ist neu und stammt aus diesem Jahrhundert. "Wicca" wurde von dem Engländer und Freimaurer Gerald B. Gardner ins Leben gerufen. Er pries es als den uralten Hexenglauben und berief sich u. a. auf die wissenschaftlich unhaltbaren Schriften der englischen Anthropologin Margaret Murray, wie *The Witch Cult in Western Europe* (1921). Murray behauptete, der Hexenkult sei eine eigene Religionsform des vorchristlichen Europa, in der eine Große Mutter und ein Gehörnter Gott verehrt worden seien. Gardner war ein großer Verfechter von Murrays Ideen. In den vierziger Jahren traf er im New Forest in Südengland eine Gruppe von Leuten, die eine Mischung von Volksmagie und modernerem Okkultismus praktizierten, wohl angeregt von den Schriften Murrays. Diesen Leuten schloß sich Gardner an; daraus entstand die Wicca-Bewegung. Einige der Rituale und Glaubensvorstellungen im "Wicca" gehen auf den britischen Ritualmagier Aleister Crowley zurück, der alte ägyptische Mythen mit der Bibelreligion vermischte. Gardner gibt Crowleys Einfluß in dem 1954 erschienenen Buch *Witchcraft Today* zu. Die Anhänger dieses neuen Kultes, die Wiccas, haben in der Regel (ganz nach M. Murray) zwei Gottheiten, die sie verehren: die Große Göttin und den Gehörnten Gott, der dem griechischem Hirtengott Pan sehr ähnelt. Die Große Göttin ist ein Gemisch aus den heidnischen Göttinnen der gesamten Welt. Aus dem ursprünglichen Polytheismus der echten Hexen wurde ein Dualismus, so wie auch das Christentum den Dualismus Gott/Teufel kennt. Manche Wiccas gehen sogar soweit, nur eine Große Göttin zu akzeptieren, da sie mit einer männlichen Gottheit nicht zurecht kommen. Hier haben wir dann den reinen Monotheismus. Mit dem echten alten Hexentum hat dies nichts mehr zu tun, denn die Hexen verehrten stets eine Vielzahl von Göttern und Göttinnen. Nur durch Einfluß der Bibelreligionen konnte das Kunstgebilde Wicca entstehen. Die Rituale und Symbole dieses Kultes entstammen zum großen Teil der alten orientalischen und christlichen Religion, also sehr patriarchalen Systemen. Hier nahm die Frauenfeindlichkeit ihren Anfang, hier erschien die Frau zum erstenmal als "Sünderin". Der Bibelgott befiehlt: »Die Zauberweiber sollst du nicht am Leben lassen«. Hexentum sollte immer frei von solchen Einflüssen bleiben. Andererseits beinhaltet "Wicca" auch ein paar heidnische Elemente, wie das Feiern der acht großen Jahresfeste und der Mondfeste, allerdings in anderer Form. Auch gibt es einige Wiccas, die eine größere Zahl von Göttern verehren, doch werden hier meist Gottheiten der verschiedensten Religionen wahllos durcheinander angerufen. Wer den Wicca-Kult nach Gardner und seinen Nachfolgern praktizieren möchte, dem sollte bewußt sein, daß er eine neue Form der Religion ausübt, die mit dem ursprünglichen Hexentum kaum etwas gemeinsam hat.

Die Kehrseite des Christentums, aber dennoch ein Bestandteil der Bibelreligion, ist der Satanismus. Auch dieser hat nichts mit dem Hexentum zu tun, obwohl man den Hexen gerne Teufelsverehrung nachsagt. Die Kirche nannte die alten heidnischen Gottheiten einfach "Teufel" und die Heiden "Teufelsanbeter". Die Satanisten verehren jedoch keine Götter, sondern huldigen der biblischen Figur Satan. Das Heidentum, die Religion der Hexen, kennt diese Gestalt nicht. Trotzdem gibt es leider immer wieder Satanistinnen, die sich als Hexen bezeichnen. Sie begreifen nicht, daß es die alten Götter waren, die von den Hexen angerufen wurden, und nicht Satan, sind also auf die kirchliche Greuelpropaganda hereingefallen. Dabei ist es nur die Römische Kirche, welche die Verbindung zwischen Hexen und Teufel herstellt. Bei den Moslems, Juden und der Orthodoxen Kirche gibt es diese Vorstellung nicht. Hier sind die Hexen einfach Zauberweiber, ohne irgendwelche Bindungen an den Teufel. Der Teufel wird in diesen Religionen nicht so sehr als Dämon gefürchtet. Darum gab es in den entsprechenden Ländern auch nie solche grausamen Hexenverfolgungen wie in den römisch-katholischen oder protestantischen Gegenden. Die Gestalt des Satan ist sowieso eine Dämonisierung des alten römischen Gottes Saturn und der bocksfüßigen Satyren. Einen solchen Teufel, wie es sich die Kirche oder die Satanisten vorstellen, gibt es also gar nicht. Und ein solcher Glaube hat auch nicht das geringste mit Hexentum zu tun.

Hexentum darf keine esoterische Modewelle der heutigen Zeit werden. Es sollte ein Lebensinhalt, eine Berufung sein. Man kann es nicht im Schnellkursus erlernen, auch nicht gegen teures Geld. Wie wir erfahren haben, dauert die Lehrzeit einer Hexe in der Regel 21 Jahre, ähnlich wie die der keltischen Druiden. Wer keine geeigneten Lehrmeister findet, muß sich mühsam alles selbst beibringen, viele alte Schriften lesen und Erfahrungen sammeln. Die angehende Hexe sollte die Naturreligion ihrer heidnischen Vorfahren kennen und regelmäßig Verbindung mit den Göttern und Geistern aufnehmen, um so ihre magischen Fähigkeiten zu schulen. Dazu gehört auch unter anderem das regelmäßige Feiern der Jahreskreisfeste. Der Weg der Hexe ist nicht immer leicht, doch ist es ein guter, kraftvoller Weg, wenn ein Leben im Einklang mit der Natur erreicht wird. Höhere Ethik, Naturverbundenheit und magisches Wissen sind untrennbar miteinander verbunden - das ist die Weisheit der Hexen.

Literaturempfehlungen

Bächtold-Stäubli, Hanns (Hg.): Handwörterbuch des deutschen Aberglaubens. Berlin 1927/1986.

Grimm, Jacob: Deutsche Mythologie (Neuauflage). Wiesbaden 1992.

Die Edda. Phaidon Verlag, Essen 1987.

Sammlung Thule (24 Bände). Düsseldorf 1962-1964.

Herrmann, Paul: Erläuterungen zu den ersten neun Büchern der Dänischen Geschichte des Saxo Grammaticus. Berlin 1901.

Neményi, Géza von: Heidnische Naturreligion. Bergen/ Dumme 1993.

Botheroyd, Sylvia und Paul: Lexikon der keltischen Mythologie. München 1992.

Nettesheim, Agrippa von: Magische Werke. Schwarzenburg/Schweiz 1979.

Hauschild, Thomas: Die alten und die neuen Hexen. München 1987.

Kingston, Jeremy: Hexen - Zauber und Werk. Frankfurt/M - Berlin 1987.

Bandini, Ditte und Giovanni: Kleines Lexikon des Hexenwesens. München 1999.

Zum gleichen Thema im KC-Verlag

Stefan Paech

Einführung in das Hexentum

Kleiner Leitfaden für angehende Hexen. ISBN 978-3-89423-118-1

Stefan Paech

Hexenfibel

Alles, was man als Hexe wissen muss. Kräuter, Feste, Rituale.
ISBN 978-3-89423-121-1

Ganna Jansen, Matta Sangoma

Göttin, Menschen und Magie

Band 1: Faden auf dem Weg der Magie und des Glaubens - Hier wird die Magie wieder in den Alltag eingefügt, der Glaube an die alten Götter sehr lebensnah erklärt und Fragen dazu beantwortet. ISBN 978-3-89423-126-2

Band 2: Faden auf dem Weg durch die Nebelwelten - Zaubereien für Geld oder gegen Streit, überhaupt für alle Belange des alltäglichen Lebens, die Sprache der Orakel und Einkehr in uns selbst finden wir hier verständlich und praktisch beschrieben. ISBN 978-3-89423-127-9

Martina Yilmaz

Zauberkräuter Hexengrün

Kräuter erkennen, zubereiten und andwenden. ISBN 978-3-89423-031-9